KB265136

긍정하면
마술이
시작된다

긍정하면 마술이 시작된다

초판 1쇄 발행 2013년 11월 1일

지은이 조영탁· 발행인 권선복· 편집주간 김정웅· 편집 김소영, 김호연, 조웅연· 디자인 최새롬· 마케팅 서선교· 전자책
신미경· 발행처 도서출판 행복에너지· 출판등록 제315-2011-000035호· 주소 (157-010) 서울특별시 강서구 화곡로
232· 전화 0505-613-6133· 팩스 0303-0799-1560· 홈페이지 www.happybook.or.kr· 이메일 ksbdata@daum.net

값 15,000원
ISBN 979-11-5602-006-6   14300
ISBN 979-11-5602-004-2(세트)

도서출판 행복에너지는 독자 여러분의 아이디어와 원고 투고를 기다립니다. 책으로 만들기를 원하는
콘텐츠가 있으신 분은 이메일이나 홈페이지를 통해 간단한 기획서와 기획의도, 연락처 등을 보내주
십시오. 행복에너지의 문은 언제나 활짝 열려 있습니다.

도서출판 행복에너지 홈페이지를 방문하여 회원가입 하시면 신간발행 소식과 함께 (주)휴넷 조영탁 대표님의
행복한 경영이야기 소식을 전송하여 드립니다.

조영탁의 행복한 경영이야기
긍정 편

긍정하면 마술이 시작된다

조영탁 지음

도서출판 **행복에너지**

긍정을 심으면 행복이 나옵니다. 긍정적인 사람들의 운이 더 좋습니다. 비결은 바로 마음속에 있습니다. 긍정이라는 조그만 차이가 큰 차이를 만든 것입니다. 긍정은 어떤 상황에서든지 우리가 멋진 인생을 살아갈 수 있도록 우리를 도와줍니다.

우리에게 주어진 환경은 누구에게나 똑같습니다. 그러나 그것을 긍정으로 해석하면 행복이 되고, 부정으로 해석하면 불행이 됩니다. 멋진 인생을 살고 싶으면 늘 긍정스위치를 올려놓고 있어야 합니다. 훈련에 의해 육체의 근육을 키우듯 우리는 성공적인 삶을 위해 마음의 근육을 키워나가야 합니다. 모든 것을 긍정으로 바라볼 때 비로소 우리는 행복한 삶을 살아갈 수 있게 됩니다.

본서는 지난 10년간 발행된 '조영탁의 행복한 경영이야기' 중 긍정에 관한 내용을 모아 엮은 것입니다.

10년 전 어느 날, '어차피 하는 공부라면 남들과 함께 나누자'는 소박한 생각으로 조영탁의 행복한 경영이야기를 시작하였습니다. 초기에는 초일류 기업과 훌륭한 경영자, 경영학자들을 연구하면서 '위대한 기업'의 조건을 밝히고 그 결과를 공유하였습니다. 점차 경영을 넘어 자기계발, 리더십, 문학, 철학, 역사를 포함한 인문학까지 범위를 확대했습니다.

권당 하나의 주제, 주제당 한 시간을 가정할 경우 대략 2,500여 권의 책, 2,500시간을 행복한 경영이야기에 투자했다 할 수 있습니다.

그동안 200만 독자로부터 분에 넘치는 사랑을 받았습니다. 그러나 행복한 경영이야기로 인해 가장 행복한 사람은 바로 저입니다. 행복한 경영이야기 덕분에 신나게 공부하고 활기차게 생활할 수 있었습니다. 매일 새벽 6시 30분에 출근하여 책을 읽고 촌철활인의 통찰을 메모하며, 주옥같은 명언을 발췌했습니다. 소위 '10년 법칙'처럼 꾸준한 학습을 해온 덕에 경영과 리더십, 인생을 살아가는 법을 조금은 터득하게 되었습니다.

여러분의 분에 넘치는 사랑에 보답코자, 지난 10년간의 행복한 경영이야기를 꿈과 비전, 긍정, 열정, 인간관계, 리더십, 실천, 경영, Best 행경 주제로 정리하여 총 10권의 책으로 출간하였습니다.

동서고금을 통틀어 2,500여 책에서 가장 감명 깊은 구절들을 뽑아 엮어놓고 보니, 이대로 세상을 살아갈 수만 있다면 누구나 행복한 인생, 성공하는 삶을 살아갈 수 있을 것이라는 생각이 듭니다. 본서가 독자 여러분의 행복한 성공에 조금이라도 도움이 될 수 있기를 기원합니다.

조영탁

조영탁의 행복한 경영이야기

긍정편

긍정의 힘

생각대로 이루어진다

태도가 성패를 결정한다

낙관이 불가능을 가능으로 만든다

자신감이 성공을 부른다

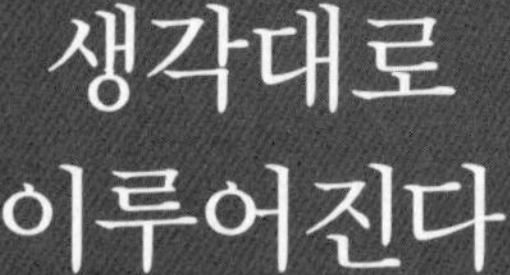

생각대로
이루어진다

마술은 마음속에 있다

마술은 마음속에 있다. 마음이 지옥을 천국으로 만들 수도 있고, 천국을 지옥으로 만들 수도 있다. 자신의 마음을 지옥으로 만들고 싶은 사람은 아마 없을 것이다. 마음을 천국으로 만들고 싶은 이들이여! 자기 마음속에 마술을 부려 즐겁고 찬란한 하루를 만들어라.

– 토마스 에디슨

촌철활인 | 한 치의 혀로 사람을 살린다

"가장 조심해야 할 것은 가난도 질병도 아닌 당신의 생각입니다. 생각이 당신의 삶을 지배하니까요."(데일 카네기) 그렇습니다. 긍정을 심으면 긍정이 나오고, 부정을 심으면 부정이 나오는 것이 우리 모두의 마음공장입니다.

인생, 마음먹은 대로 된다

인생은 될 대로 되는 것이 아니라 생각대로 되는 것이다. 자신이 어떤 마음을 먹느냐에 따라 모든 것이 결정된다. 사람은 생각하는 대로 산다. 생각하지 않고 살아가면 살아가는 대로 생각한다.

– 조엘 오스틴, '긍정의 힘'에서

촌철활인 | 한 치의 혀로 사람을 살린다

간절한 생각은 행동을 이끕니다. 지속적 노력은 큰 꿈을 이루게 만들어줍니다. 맥스웰 몰츠의 이야기를 함께 살펴보세요. "인간의 뇌는 미사일의 자동유도 장치와 같아서 자신이 목표를 정해주면 그 목표를 향해 자동으로 유도해 나간다."

우리는 믿는 그대로의 사람이 된다

우리가 어떤 일을 감히 하지 못하는 것은 그 일이 너무 어렵기 때문이 아니라 어렵다는 생각에 사로잡혀 그 일을 시도하지 않기 때문이다.

– 세네카

촌철활인 | 한 치의 혀로 사람을 살린다

더 큰 일을 하고 싶다면 우리 자신을 더 큰 존재로 규정해야 합니다. 심리학자 콜린스는 수학 성적은 수학적 자질보다 그에 대한 믿음이 더 크게 좌우한다는 사실을 실험으로 확인했습니다. 수학능력이 동등하더라도 수학을 잘할 수 있다는 믿음을 갖고 있는 학생은 그렇지 않은 학생들에 비해 시간이 갈수록 현저하게 수학 성적이 높아진다는 사실을 발견했습니다. (이민규, '실행이 답이다'에서)

생각대로 만들어지는 세상

우리는 우리가 행복해지려고 마음먹은 만큼 행복해질 수 있다. 우리를 행복하게 만드는 것은 우리를 둘러싼 환경이나 조건이 아니라, 늘 긍정적으로 세상을 바라보며 아주 작은 것에서부터 행복을 찾아내는 우리 자신의 생각이다. 행복해지고 싶으면 행복하다고 생각하라.

– 에이브러햄 링컨

촌철활인 | 한 치의 혀로 사람을 살린다

셰익스피어는 "세상에 절대적으로 좋거나 나쁜 것은 없다. 다만 우리의 생각이 그렇게 만들 뿐이다."라고 말했습니다. 인생의 전쟁은 강한 사람이나 빠른 사람에게 항상 승리를 안겨주지는 않습니다. 조만간 승리하는 사람은 자기가 할 수 있다고 믿는 사람입니다.

믿는 만큼 힘을 얻으리라

믿음은 강력한 영향력을 행사한다. 우리의 뇌는 우리가 믿고 기대하는 방향으로 작동한다. 뇌가 작동하기 시작하면 신체는 그 믿음이 사실인 것처럼 반응한다. 실제로 목이 마르거나 귀가 막히고, 병이 나거나 건강해지는 경험을 하는 것이다.

– 허버트 벤슨, 'Timeless healing'에서

촌철활인 | 한 치의 혀로 사람을 살린다

말과 행동으로 자신이 어디로 가고 있는지 알고 있음을 보여줄 때, 세상은 그를 위해 길을 비킵니다.(나폴레온 힐) 자신의 꿈을 향해 당당하게 나아간다면, 그리고 상상해온 삶을 위해 노력한다면 평소에 얘기치 못했던 성공을 만나게 될 것입니다.(핸리 데이비드 소로)

오늘 무슨 생각을 하느냐에
내일이 달려있다

오늘은 어제 생각한 결과이다. 우리의 내일은 오늘 무슨 생각을 하느냐에 달려 있다. 실패한 사람들의 생각은 생존에, 평범한 사람들은 현상유지에, 성공한 사람들은 생각이 발전에 집중되어 있다.

— 존 맥스웰

촌철활인 | 한 치의 혀로 사람을 살린다

생각이 미래를 결정합니다. 남들이 모두 절망에 빠져 있을 때 희망을 보는 소수의 사람들이 있습니다. 그런 사람들이 성공하는 사람들입니다. 그중 몇몇은 자신을 뛰어넘어 주변에 있는 사람들에게 희망 바이러스를 전파하기도 합니다. 그들이 진정한 리더입니다.

의지가 운명을 결정한다

창의성에 영향을 미치는 요인들을 찾아내기 위해 성장과정에서부터 교육 배경에 이르기 까지 수많은 요인들을 조사한 결과, 차이는 딱 한 가지였다. "창조적인 사람은 스스로 창조적이라 생각하고 그렇지 못한 사람들은 자신이 창조적이라고 생각하지 않는다."

— 로저본 외흐, '생각의 혁명'에서

촌철활인 | 한 치의 혀로 사람을 살린다

우리의 생각은 행동을 결정하고, 우리의 행동은 운명을 결정합니다. 이처럼 자신에 대한 규정이 행동을 결정하고 나아가 운명까지 결정하는 것을 '자기 규정 효과self-definition effect'라고 합니다. '나는 이런 사람이다'라고 스스로를 규정하게 되면 정말 그런 사람처럼 행동하게 됩니다. (이민규, '실행이 답이다'에서)

강한 사람이 아닌,
할 수 있다고 믿는 사람이 성공한다

만일 당신이 패배할 것이라 생각하면, 당신은 그럴 것이다. 만일 당신이 도전하지 못하리라 생각한다면, 당신은 못할 것이다. 만일 당신이 스스로 뛰어나다고 생각한다면, 당신은 그런 것이다. 세상을 살면서 우리는 성공이란 한 사람의 의지에서 비롯된다는 사실을 알게 된다. 그것은 모두 마음의 자세에 달려 있다.

– 월터 D. 윈틀

촌철활인 | 한 치의 혀로 사람을 살린다

월터 윈틀의 계속되는 주장입니다. "삶에서의 성공은 항상 더 강하고 더 빠른 자에게 가는 것만은 아니다. 머지않아 성공을 거머쥘 사람은 바로 자신이 할 수 있다고 생각하는 사람이다. 높이 오르려면 높이 생각해야 한다."

예감은 그대로 결과가 된다

예감은 그대로 결과가 된다. 예지능력은 결과를 만들어낸다. 어떤 분야에서건 마지막 승자가 된 사람들은 운의 법칙을 현명하게 활용하는 법을 알고 있다. 그들은 한숨이나 부정적인 생각 대신 '나는 된다', '나는 운이 좋다', '나는 할 수 있다'라는 예감을 달고 다닌다.

– 나시다 후미오, '된다 된다 나는 된다'에서

촌철활인 | 한 치의 혀로 사람을 살린다

벤쿠버 동계 올림픽에서 아시아 선수로는 처음으로 스피드스케이팅 1만 미터 금메달을 목에 건 이승훈 선수 역시 '긍정적인 생각'을 그 비결로 꼽았습니다. "많은 사람이 리치몬드 올림픽 오벌 경기장의 빙질이 좋지 않다고 이야기했는데, 나는 처음 타는 순간부터 빙질이 너무 좋다고 느꼈다. 아마도 그렇게 긍정적으로 생각한 덕에 좋은 성적이 따라온 것 같다."라고 말했습니다.

세상에 존재하는 두 종류의 사람

세상에는 두 종류의 사람이 존재한다. 변명하는 사람과 결과를 얻는 사람이 바로 그것이다. 변명형 인간은 일을 수행하지 못한 이유를 찾지만 결과형 인간은 일을 해야 하는 이유를 찾는다. 반응하는 사람이 아니라 창조하는 사람이 되어라.

– 앨런 코헨(리더십 작가)

촌철활인 | 한 치의 혀로 사람을 살린다

일이 안 되는 이유를 먼저 찾는 사람들이 있습니다. 그들은 문제를 해결해주면 안 되는 이유를 또 찾아냅니다. 안 되는 일은 없다고 생각하는 사람들도 있습니다. 그들은 방해물이 생기면 반드시 해결책을 찾아냅니다. 결국 된다고 생각하는 사람들은 모든 일을 해내는 반면, 안 된다고 생각하는 사람들은 어떤 일도 해내지 못합니다. 모든 일은 마음먹기에 달려있습니다.

기대가 결과를 가져온다

관리자의 기대감이 직원들의 업무 수행에 긍정적으로든 부정적으로든 영향을 미친다. 관리자인 여러분들이 직원들에게 더 높은 기대를 가질수록 더 높은 실적을 직원들로부터 끌어낼 수 있다.

– 리빙스턴

촌철활인 | 한 치의 혀로 사람을 살린다

그리스 신화에서 피그말리온은 사이프러스 섬의 왕이자 조각가로서 어느 아름다운 여인의 상을 조각한 사람입니다. 그는 자신이 만든 조각품이 마치 살아있는 여인인 것처럼 사랑하게 되었는데, 그의 열렬한 기도에 감동한 여신 비너스가 그 조각에 생명을 불어넣어 주었다고 전해집니다. 사물, 상황 또는 사람에게서 우리가 스스로 기대하는 것을 찾아내는 현상을 지칭할 때 피그말리온이라는 용어를 사용합니다.

긍정적 사고방식의 힘

어떤 일을 대할 때 이건 안 된다고 생각하는 것과 이건 된다고 생각하는 것 사이에는 엄청난 차이가 있다. 안된다고 생각하는 사람의 머릿속에는 안 될 가능성, 그럴 수밖에 없는 이유만 들어찬다. 된다고 생각하는 사람은, 설령 1%의 가능성밖에 없다 해도 붙잡고 늘어진다. 1%의 가능성도 없는, 말 그대로 100% 실패하는 일이라도 그 일을 해본 사람은 경험이 남는다.

– 이명박, '신화는 없다'에서

촌철활인 | 한 치의 혀로 사람을 살린다

그러나 그것을 실천하지 않은 사람에게는 아무것도 남지 않습니다. 1루에서 발을 떼지 않고는 2루에 당도할 수 없는 것과 같은 이치입니다. 성과는 지식과 자원 투입량보다 생각의 차이에서 비롯되는 경우가 많습니다.

태도가 성패를
결정한다

승리가 결정되는 곳

게임은 어디에서나 일어난다. 운동장 뒤뜰, 사무실, 교실, 식당 등등. 그러나 승리가 이루어지는 곳은 단 한 곳뿐이다. 바로 승자의 마음속이다.

– 피터 템즈, '목적의 힘'에서

촌철활인 | 한 치의 혀로 사람을 살린다

일체유심조一切唯心造, 모든 것은 마음먹기에 달려 있습니다. 우리의 삶은 우리의 마음에서 창조되는 것입니다. 생각의 방향, 긍정적 마인드, 높은 꿈, 끝없는 도전, 이런 모든 것들이 다 마음속에서 이뤄집니다. 우리네 인생을 결정하는 보물창고는 바로 우리 마음속에 있습니다. (공병호, '우문현답'에서)

태도가 운을 만든다

운이 좋았다고 생각하는 이들이나 나빴다고 생각하는 이들이나 겪어온 상황은 매우 유사하다. 하지만 그 경험에 대해 의미를 부여하는 방식은 너무나 큰 차이가 있다. 후자는 불행의 희생자라고 생각하는 반면에, 전자는 그런 역경이 삶의 한 부분이며 배움과 변화와 성장의 기회를 허락해주는 긍정적인 사건으로 기꺼이 받아들이겠다고 마음을 먹는다. 심지어는 이상하게 보이기도 하지만 그런 경험을 감사하게 생각하기도 한다.

– 알렉스 로비라, '내 인생 최고의 명언'에서

촌철활인 | 한 치의 혀로 사람을 살린다

존재의 매 순간 의식적으로 선택하는 태도의 결과가 바로 우리의 삶입니다. 마틴 루터 킹 역시 고통을 창조의 힘으로 바꾸었습니다. "나의 고통이 점점 커져갔을 때 이 상황에 대처하는 두 가지 방법이 있다는 것을 곧 알아차렸다. 고통스러운 반응을 보이는 것과 고통을 창조의 힘으로 변화시키는 것. 나는 후자를 선택했다."

어떤 일을 하느냐 하는 것보다 더 중요한 것

태도는 사소한 것이지만, 그것이 만드는 차이는 엄청나다. 즉 어떤 마음
가짐을 갖느냐가 어떤 일을 하느냐보다 더 큰 가치를 만들 수 있다.

– 윈스턴 처칠

촌철활인 | 한 치의 혀로 사람을 살린다

유대경전에 '어느 겨울날 눈이 수북이 쌓여 있을 때 만약 당신
이 길을 만들어 걸어가면 승자이고, 눈이 녹기를 기다리면 패자
가 될 것이다'라는 말이 있습니다. 주어진 외부 환경에 관계없
이, 우리가 긍정을 선택하면 긍정의 결과가 부정을 선택하면 부
정의 결과가 나오는 것, 그것이 자연의 이치입니다.

재능이 아닌 태도가 승부를 결정한다

승리자의 강점은 타고난 재능이나 높은 IQ에 있는 것이 아니다. 그것은 그의 습성(aptitude)에 있는 것이 아니라 전적으로 태도에 달려있다. 태도는 성공의 기준인 것이다.

– 데니스 웨이틀리

촌철활인 | 한 치의 혀로 사람을 살린다

사물을 바라보는 관점의 중요성을 갈파한 알프레드 아르망 몽따페르의 글을 함께 감상해보세요. "다수의 사람들은 장애물을 보지만 소수의 사람들은 목표를 본다. 역사는 후자의 성공을 기록한다. 전자에겐 잊혀짐이란 결과만이 있을 뿐이다."

엄청난 격차를 만드는
아주 작은 차이

사람과 사람 사이에는 아주 작은 차이가 존재한다. 그러나 이 작은 차이가 엄청난 격차를 만들어낸다. 여기서 작은 차이는 '마음가짐이 적극적인가, 소극적인가'이고 엄청난 격차는 '성공하느냐, 실패하느냐'이다.

– 나폴레온 힐

촌철활인 | 한 치의 혀로 사람을 살린다

긍정의 중요성에 대한 나폴레온 힐의 주장을 함께 살펴보세요. "긍정적인 마음가짐은 영혼을 살찌우는 보약이다. 이러한 마음가짐은 우리에게 부, 성공, 즐거움과 건강을 가져다준다. 반대로 부정적인 마음가짐은 영혼의 질병이며 쓰레기다. 이는 부, 성공, 즐거움과 건강을 밀어내고 심지어 인생의 모든 것을 앗아간다."

성공을 위한 세 가지 열쇠

만일 신이 우리에게 세 개의 열쇠를 준다면 그중 두 개는 '집안'과 '학력'일 것이다. 이 두 개의 열쇠는 나를 성공하기 쉬운 위치에 앉혀줄 것이다. 하지만 만약 신이 우리에게 좋은 집안과 명문대학을 졸업할 능력을 주지 않았다면 '태도'야말로 우리를 성공으로 이끌어줄 유일한 열쇠다. 태도를 장악하는 것은 바로 인생의 미로를 여는 열쇠를 가진 것과도 같다.

– 류가와 미카, '서른 기본을 탐하라'에서

촌철활인 | 한 치의 혀로 사람을 살린다

우리는 과거를 바꿀 수 없고, 우리에 대한 다른 사람의 태도를 바꿀 수 없고, 앞으로 일어날 수많은 일들을 바꿀 수 없습니다. 우리가 유일하게 바꿀 수 있는 것은 다름 아닌 우리가 가지고 있는 것, 바로 우리의 태도뿐입니다. 다행인 것은 우리가 매일 스스로 결정하고 선택할 수 있는 태도가 우리의 미래를 결정한다는 사실입니다.

승패를 가르는 조그마한 차이

신발시장을 개척하라는 사명을 띠고 두 사람이 아프리카 오지에 도착했다. A는 도착한 날 본사로 메일을 보냈다. "다음 비행기로 돌아가겠습니다. 현지인은 모두 맨발로 생활합니다. 여기서는 신발이 팔릴 가능성이 전혀 없습니다." B도 즉시 메일을 보냈다. "지금 당장 신발 5만 켤레를 보내주십시오. 이곳은 신발을 팔 수 있는 엄청난 가능성이 있습니다. 현지인은 모두 맨발입니다."

– 노먼 빈센트 필, '적극적 사고방식'에서

촌철활인 | 한 치의 허로 사람을 살린다

사람들 간에는 본래 거의 차이가 없으나 사소한 차이가 커다란 차이를 만듭니다. 이 작은 차이는 바로 태도입니다. 태도가 적극적이냐 소극적이냐 하는 것입니다.(클레멘트 스톤) 성공을 가르는 한 가지 요소만을 고르라면 적극적, 긍정적 사고방식의 소유 여부라고 자신 있게 얘기할 수 있습니다.

태도는 마음에 색을 칠하는 붓이다

8,852미터의 에베레스트를 정복하기 위해서 꼭 필요한 것이 있다. 정상을 1,000미터 앞둔 이에게 가장 중요한 것은 고도가 아니라 태도라는 사실이다.

– 유니타스 브랜드

촌철활인 | 한 치의 혀로 사람을 살린다

안 된다고 생각하는 부정적인 태도는 일을 '안 되게' 만듭니다. 그래도 된다고 생각하는 태도가 '되게' 만듭니다. 자신이 어떤 태도를 선택하느냐에 따라 성취할 수 있는 높이가 결정됩니다.(유영만, '다르게 생각하면 답이 보인다'에서) 태도는 마음에 색을 칠하는 붓이라 할 수 있습니다.

인간에게서 절대
빼앗을 수 없는 한 가지

한 인간에게서 모든 것을 빼앗아 갈 수는 있지만, 한 가지 자유는 빼앗아 갈 수 없다. 바로 어떠한 상황에 놓이더라도 삶에 대한 태도만큼은 자신이 선택할 수 있는 자유이다.

– 빅터 프랭클(아우슈비치 수용소에서 죽음의 문턱까지 갔던 정신과 의사)

촌철활인 | 한 치의 혀로 사람을 살린다

삶에 있어서 객관적 사실은 인생을 통틀어 겨우 10%에 불과하고, 나머지 90%는 그 일들에 대한 우리의 반응이라고 합니다.(찰스 스윈들 목사) 삶이란, 우리의 인생 앞에 어떤 일이 생기느냐에 따라 결정되는 것이 아니라, 우리가 어떤 태도를 취하느냐에 따라 결정되는 것입니다.(존 호머 밀스)

장애물과 기회의 차이

장애물과 기회의 차이는 무엇인가? 그것에 대한 우리의 태도다. 모든 기회에는 어려움이 있으며 모든 어려움에는 기회가 있다. 어려운 환경에 닥쳤을 때, 뛰어난 태도를 지닌 사람은 최악의 상황을 최대한으로 이용한다.

— 시드로우 백스터 노먼

촌철활인 | 한 치의 혀로 사람을 살린다

빈센트 필 박사는 '적극적 사고방식'에서, "문제는 유익한 것이고 문제가 없는 사람들은 무덤에 묻힌 자들뿐이다."라고 주장합니다. 최악의 경우에도 반드시 기회가 숨어져 있습니다. 따라서 모든 장애는 곧 기회라 할 수 있습니다.

낙관론자와 비관론자의 차이

비관론자들은 모든 기회에 숨어 있는 문제를 보고, 낙관론자들은 모든 문제에 감추어져 있는 기회를 본다.

– 데니스 웨이틀리

환경은 우리 모두에게 똑같이 주어집니다. "비관주의자는 자기의 기회를 활용하지 못하는 자입니다. 반면에 낙관주의자는 자신의 난국을 기회로 선용하는 자입니다."(레기날드 맨셀)

명랑한 사업가가 성공률이 높다

리더의 첫 번째 임무는 낙천주의자가 되는 것이다. 당신과 미팅을 하고 난 뒤 부하직원이 어떻게 느끼는가? 의기충천하게 느끼는가? 만약 그렇지 않다면 당신은 리더가 아니다.

– 필드 마샬 몽고메리(Field Marshall Montgomery)

촌철활인 | 한 치의 혀로 사람을 살린다

언제나 사물의 밝은 면을 보는 낙관적이며 명랑한 사업가는 비관적인 가업가보다 대체로 성공률이 높다고 합니다.(프레드릭 스미스, 페덱스 회장) 사실 그 자체보다 그에 대한 태도가 훨씬 더 중요합니다. 태도가 곧 성공과 실패를 결정하기 때문입니다. 특히 리더의 태도는 조직 전체로 전염되기 때문에 긍정적, 적극적 사고는 모든 리더의 필수조건입니다.

주인의식이 세상을 지배한다

주인의식을 갖고 일하는 게 사실 큰 노력이 드는 것이 아닙니다. 그러나 그렇게 발상을 바꾸고 나니 업무가 전혀 다르게 보이더군요. 무심코 지나치던 것에서 운영의 노하우를 체득하게 됐습니다. 종업원 마인드로는 몇 년을 일해도 전혀 발전이 없습니다. 그러나 주인의 마인드를 가진 종업원은 하루하루 자신의 능력이 쌓여가는 것을 느끼게 됩니다.

– 한창우(마루한 회장)

촌철활인 | 한 치의 혀로 사람을 살린다

주인 주主자는 등잔이 접시 위에서 불타고 있는 모습으로 '일정 기간 머물러 책임을 지는 자'라는 뜻입니다. 등불 주, 임금 주로도 읽습니다. 좇을 종從은 사람이 사람의 뒤를 따르는 형상을 나타내며 따르다, 복종하다, 남의 말을 듣고 남을 쫓아간다는 뜻입니다. "한 사람 주인의 눈이 열 사람 종의 눈보다 밝다."라는 옛말이 있습니다. 주인과 종은 소유가 아닌 '사명감, 주인의식, 책임감' 등 생각의 차이에서 비롯됩니다.

성공을 부르는 법,
불광불급(不狂不及)

나는 신입사원 시절부터 사장을 꿈꿔 왔고, 그래서 사장이 됐다. 회사에 출근하고 싶어 새벽 2시, 3시, 4시에 잠에서 깨어났다. 일이 좋고 일을 사랑했기 때문에 직장에 출근하는 것이 너무나 자랑스럽고 보람 있었다. 한때는 빨간 날을 싫어했다. 365일 하루도 쉬지 않고 출근한 게 아마도 4년은 넘을 것이다.

– 이수창(삼성생명 사장)

촌철활인 | 한 치의 혀로 사람을 살린다

요즘 세상을 살아가는 이들 눈으로 보면 정상이 아닌 것으로 보일 수도 있습니다. 그러나 남들과 같은 정상 상태로 남아있으면서, 남들과 다른(비정상적인) 탁월한 결과를 기대할 수는 없습니다. 이 사장님처럼 생각하는 신입사원은 천에 한둘에 불과합니다. 그러나 그런 분들이 정상을 차지합니다. 미쳐야 미친다는 불광불급不狂不及도 같은 이치입니다.

관리자가 싫어하는 직원의 유형은?

나는 무슨 일을 할 때 지레 안 된다고 하는 사람을 가장 싫어한다. 무슨 일이든 일단 반응이 부정적으로 나오는 사람은 좋아하지 않는다. 또 남의 탓을 하는 사람, 핑계가 많은 사람도 좋아하지 않는다.

– 진대제(전 정통부 장관)

촌철활인 | 한 치의 혀로 사람을 살린다

모든 관리자가 그런 직원을 좋아하지 않을 것입니다. 진장관은 맡은 일에서 실패를 했더라도 그가 최선을 다해 그 일에 임했다면 당연히 용서하고 새로운 기회를 줘야한다고 말합니다. 반대로 진 전장관은 상사가 시키지 않은 일까지 스스로 찾아서 하는 사람을 좋아한다고 밝히고 있습니다. 모든 관리자 역시 그럴 거라 생각합니다.

낙관이
불가능을 가능으로 만든다

결국 낙관론자가 승리한다

세상에서는 주로 낙관주의자들이 승리하는데, 그것은 그들이 항상 옳기 때문이 아니라 긍정적이기 때문이다. 그들은 잘못되었을 때조차도 긍정적이다. 이러한 태도는 성취, 향상 그리고 성공의 길로 연결된다. 교육을 받고 시야가 열려 있는 낙관주의는 그 대가를 얻는 것이다.

— 데이비드 랜즈(하버드대 경제사학자 교수)

촌철활인 | 한 치의 혀로 사람을 살린다

일찍이 칼린 지브란은 "낙관주의자는 장미에서 가시가 아니라 꽃을 보고, 비관주의자는 꽃은 망각하고 가시만 쳐다본다."라고 지적했습니다. 객관적으로 주어지는 환경은 누구에게나 같습니다. 그러나 어떤 사람은 그 속에서 긍정과 낙관을 보고, 또 다른 이는 부정과 비관을 보게 됩니다. 놀라운 것은 그가 보는 대로 이루어진다는 것입니다.

세상을 바꾸는 힘, 낙관론

비관론자는 대체로 옳고, 낙관론자는 대체로 그르다. 그러나 대부분의
위대한 변화는 낙관론자가 이룬다.

– 토마스 프리드만

촌철활인 | 한 치의 혀로 사람을 살린다

정답을 맞히는 게임이라면 비관론자가 되는 것도 괜찮습니
다. 그러나 이 세상은 정답을 맞히는 게임이 아닌 새로운 것을
창조하는 게임에 의해 발전해 나갑니다. 창조의 게임에서는 실
패와 오류 가능성이 크다 하더라도 낙관론적 입장을 견지할 필
요가 있습니다.

그 어떤 고난에도 낙담은 없다

해답이 있다면 낙담할 필요가 있겠는가? 해답이 없다면 낙담하는 것이 무슨 의미가 있겠는가?

– 산티대바(8세기 인도 사상가)

촌철활인 | 한 치의 혀로 사람을 살린다

걱정이 많은 분들을 위해 윌리스 H. 캐리어의 3단계 마법의 공식을 소개드립니다. 제1단계, 스스로에게 '일어날 수 있는 최악은 어떤 것인가?' 하고 물어봐라. 제2단계, 필요할 경우 최악을 받아들일 준비를 해라. 제3단계, 침착하게 최악의 상황을 개선하기 위해 노력하라.

위기에 더욱 빛나는 낙관주의

체스티 풀러 장군은 아군이 적군에게 완전히 포위돼 고립됐다는 보고를 받자 이렇게 말했다. "우리는 포위됐다. 덕분에 문제는 간단하다! 이제 우리는 모든 방향으로 공격할 수 있다!"

– 체스티 풀러(미해병대 장군)

현대경영에서 위기는 특별한 상황이 아닌, 상수常數가 되었습니다. 위기가 닥치면, 조직 구성원들은 초조와 불안, 혼란에 휩싸입니다. 이럴 때 리더도 같이 흔들리면, 조직은 침몰하는 수밖에 없습니다. 담대한 낙관주의와 긍정적 사고를 바탕으로 위기를 기회로 반전시킬 때, 리더의 진가가 드러납니다.

불가능은 사실은 아닌,
하나의 견해일 뿐이다

불가능이란 스스로 세상을 변화시킬 힘을 찾기보다 자신에게 주어진 삶을 소극적으로 살아가려는 나약한 사람들에게 붙여진 말이다. 불가능은 사실이 아니며 단지 하나의 견해일 뿐이다. 불가능은 그럴 수밖에 없다는 선언이 아니다. 그럼에도 해낼 수 있다는 용기요. 신념이다. 불가능은 잠재적이며 일시적인 것으로 불가능이란 사실은 존재하지 않는다.

— 어느 스포츠 브랜드 광고 카피

촌철활인 | 한 치의 혀로 사람을 살린다

"내 사전에 불가능은 없다."라는 명언으로 유명한 나폴레옹은 "불가능은 소심한 자의 환상이요, 비겁한 자의 도피처"라 했습니다. 그렇습니다. '승자가 즐겨 쓰는 말은 '다시 한 번 해보자'이고, 패자가 즐겨 쓰는 말은 '해봐야 별 수 없다'입니다.

불가능이란 무엇인가

불가능, 그것은 나약한 사람들의 핑계에 불과하다. 불가능, 그것은 사실이 아니라 의견일 뿐이다. 불가능, 그것은 영원한 것이 아니라 일시적인 것일 뿐이다. 불가능, 그것은 도전할 수 있는 가능성을 의미한다. 불가능, 그것은 사람들을 용기 있게 만들어주는 것이다. 불가능, 그것은 아무것도 아니다.

– 아디다스 광고에서

촌철활인 | 한 치의 혀로 사람을 살린다

아마존 창업회장 제프 베조스의 말입니다. "이건 불가능해라고 말하는 주변 사람들의 말을 믿으면 실패할 수밖에 없다. 항상 이렇게 말해야 한다. 우린 해낼 수 있다." 그렇습니다. 불가능은 사실이 아닌, 하나의 의견에 불과할 뿐입니다.

불가능은 없다

'한계'나 '극한상황'같은 말을 쉽게 사용하지만 따지고 보면 '한계'란 부정적인 마음이 만들어내는 '금지선(線)'이다. 충분히 뛰어넘을 수 있으면서도 마음을 닫고 있기 때문에 넘지 못하고 있는 자기만의 선인 것이다. 크고 작은 좌절에 상처받고 포기하려는 사람들은 대부분 자기 스스로 만든 덫에 걸려 더 이상 할 수 없다고 속단한다. 그러나 조물주는 세상의 모든 일을 긍정적인 방향, 잘되는 방향으로 만들어주셨다.

– 박종원(코리안리 재보험 사장)

불가능impossible이라는 단어의 사전적 의미는, '행해지거나, 얻어지거나, 성취될 수 없을 것으로 느껴지는 것'입니다. 여기서 핵심은 '느껴지는 것'이라는 사실입니다. 안된다고 느껴지는 것을 '안 되는 것은 없다. 즉, 뭐든 할 수 있다.'고 생각해버리면 불가능은 저절로 사라져버립니다. 나폴레옹의 명언 "내 사전에 불가능이란 없다."라는 말은 그래서 맞는 말이 됩니다.

진정 버려야 할 것은 '안 된다'는 사고 패턴이다

진정 버려야 할 것은 '안 된다'는 사고 패턴이다. 그리고 취해야 할 것은 '되는 방법을 찾아 전달하는 습관'이다. 한 번 '안 된다'는 것을 용인하는 조직이 되면, 직원들은 '안 되는' 방법을 기를 쓰고 찾아낼 것이다. 심지어 '안 된다'는 것을 긴 보고서에 장황하게 쓰는 것을 장려하는 기업도 있다. 정말 해도 해도 '안 된다'는 결론이 내려진다면, 거기엔 보고서 따위가 붙을 이유가 없다. '되는' 일에만 집중해도 모자랄 시간에, '안 되는' 이유를 쓰느라 시간을 허비할 필요가 어디 있는가?

— 나가모리 시게노부(일본전산 회장), '일본전산 이야기'에서

촌철활인 | 한 치의 혀로 사람을 살린다

안 된다는 문화에 익숙한 사람들은 늘 안 되는 이유만 찾습니다. 그들은 그 문제를 해결해주면 또 안 되는 이유를 찾습니다. 반대로 뭐든 할 수 있다는 사람들은 늘 되는 이유를 찾습니다. 장애물이 생기면 이에 굴하지 않고 반드시 된다는 각오로 그 문제를 어떻게든 풀어냅니다.

모든 부자들의 공통점

이 시대의 부자들은 모두 낙천주의자다. 그들이 항상 옳아서가 아니라 긍정적인 생각을 하기 때문이다. 심지어 그들이 하는 일이 틀렸을 때도 그들의 태도는 여전히 긍정적이다. 그들의 긍정적 사고야말로 그들이 목적을 달성하도록 하고, 스스로를 개선시켜 결국 성공에 이른다.

– 데이비드 렌즈(역사학자)

촌철활인 | 한 치의 혀로 사람을 살린다

데이비드 렌즈가 전 세계를 통틀어 연구한 결과를 정리한 '국가의 부와 빈곤 : 왜 어떤 사람들은 그렇게 부유하고, 또 어떤 사람들은 그렇게 가난한가'라는 책에서 밝힌 성공의 열쇠입니다. 성공을 가르는 가장 큰 열쇠는 긍정적 사고, 열정과 신념이라는 것은 의심의 여지가 없습니다.

실패를 날려버린 가치 있는 재앙

1914년 12월, 에디슨의 실험실은 화재로 사실상 전소되었다. 67세의 나이에, 그간의 에디슨의 거의 모든 작업들은 화염 속에 다 타버리고 말았다. 다음날 아침, 에디슨은 폐허를 바라보며 말했다. "재앙도 가치가 있구만. 내 모든 실패들이 날아가 버렸으니…. 새로 시작하게 해주신 신이여 감사합니다." 화재 후 3주 만에 에디슨은 그의 첫 번째 축음기를 선보였다.

– 노먼 빈센트 필, '적극적 사고방식'에서

촌철활인 | 한 치의 혀로 사람을 살린다

세상을 낙관적으로 보는 사람들의 성공확률이 비관적인 사람들에 비해 훨씬 높다는 연구결과가 많이 나와 있습니다. 제아무리 어려운 상황에서도 이를 '보다 나은 미래와 나를 훈련하기 위한 기회'라 바라보는 낙관적인 사고를 가진 사람과 조직에게는 시련은 오히려 값진 보물로 다가올 수 있습니다.

정주영의 낙관주의

나는 어떤 일을 시작하든 반드시 된다는 확신 90%에 되게 할 수 있다는 자신 10%를 가지고 일해 왔다. 안될 수도 있다는 회의나 불안은 단 1%도 끼워 넣지 않는다. 기업은 행동이요 실천이다.

— 정주영, 홍하상 저 '정주영 경영정신'에서

촌철활인 | 한 치의 혀로 사람을 살린다

된다고 생각하면 되고, 안 된다고 생각하면 안 됩니다. 된다고 생각하는 사람들은 될 수밖에 없는 이유를 열심히 찾게 됩니다. 안된다고 생각하는 사람 역시, 안 되는 이유를 열심히 찾아냅니다. 안 되는 일은 없다고 생각하는 사람들, 뭐든지 할 수 있다고 생각하는 사람들이 새로운 세상을 만들어갑니다.

염세주의자와
성공적 세일즈맨의 차이

열 번 전화해서 한 통화가 성공 되었을 때, 염세주의자는 이것을 10%의 성공률로 본다. 그러나 성공적인 세일즈맨은 하나를 판매하기 위해 아홉 번 거절당해야 한다는 것을 잘 알고 있다. 거절을 승낙의 주춧돌로 바라봄으로써 세일즈맨은 목표를 달성할 때까지 인내할 수 있는 것이다.

– 세스 고든 보고서

촌철활인 | 한 치의 혀로 사람을 살린다

결국 세상의 모든 일은 외부적 요인과는 관계없이 자기 자신이 어떻게 생각하느냐에 따라 결정된다고 볼 수 있습니다. 위대한 리더는 성공은 외부 요인으로, 실패는 자기 책임으로 돌릴 줄 아는 사람이라 합니다.

우수한 영업사원이 되는 방법

보험 영업사원이 실패를 다루는 방식이 '최우수 영업사원이 되느냐 아니면 회사를 떠나게 되느냐'를 결정한다. 낙관적 시각을 가진 사원은 비관적 시각을 가진 사원보다 첫 두 해 동안 37%나 높은 성과를 거뒀다. 반면, 비관적 시각을 가진 사람들은 첫해에 그만둔 비율이 낙관적인 사람들에 비해 두 배나 높았다.

– 셀러그만(박사)

상황이 어렵거나 절망스러울 때, 실패로 인해 고통스러울 때 이를 어떻게 생각하느냐에 따라서(그리고 어떻게 이러한 곤경을 헤쳐 가느냐에 따라) 성공과 실패가 갈립니다. "역경은 인간을 낳고, 행운은 괴물을 낳는다."라는 프랑스 격언이 생각납니다.

진정한 낙관론자

진정으로 낙관적인 사람은 문제를 인식해도 해결책을 찾아내고, 어려움을 알아도 극복할 수 있다고 믿고, 부정적인 상황을 보아도 긍정적인 상황을 강조하고, 최악의 경우에 맞닥뜨려도 최선의 결과를 기대하고, 불평할 근거가 있어도 미소 짓기로 마음먹는다.

– 윌리엄 아서 워드

촌철활인 | 한 치의 혀로 사람을 살린다

긍정적인 사람은 장애물이 나타나면 그것을 뛰어넘습니다. 또 장애가 나타나면 또 뛰어넘을 방안을 찾아냅니다. 반면에 부정적이고 소극적인 사람은 장애가 나타나면 안 되는 이유를 찾습니다. 그 장애를 대신 극복해 주면 안 되는 이유를 또 찾아오고 또 찾아옵니다. 결과적으로 적극적인 사람은 무슨 일이든 해내는 능력 있는 사람이 되고 부정적인 사람은 아무 일도 못 해내는 무능력한 사람으로 전락하게 됩니다.

좋은 기분이 좋은 일을 만든다

우주의 기운은 자력과 같아서 우리가 어두운 마음을 지니고 있으면 어두운 기운이 몰려온다. 그러나 밝은 마음을 지니고 긍정적이고 낙관적으로 살면 밝은 기운이 밀려와 우리의 삶을 밝게 비춘다.

– 법정 스님, '버리고 떠난다는 것은'에서

촌철활인 | 한 치의 혀로 사람을 살린다

지배적인 생각이나 마음가짐은 자석처럼 비슷한 것을 끌어당기는 법이므로, 마음가짐이 어떠하든 그에 어울리는 조건이 삶에 나타날 수밖에 없습니다.(찰스 해낼) 생각하는 대로 이루어집니다. 기분 좋은 일들을 기대한다면 먼저 기분 좋다고 생각해 보세요.

자신의 운은 스스로 만들어라

운 좋은 사람들은 운 없는 사람들과는 다르게 생각하고 행동한다. 운이 좋다고 믿는 사람들은 느긋하고 낙관적이며 마음이 열려 있다. 다양성을 추구하고 기회를 찾아다니며 도전을 긍정적으로 바라본다. 반대로, 운이 없다고 생각하는 사람들은 걱정과 두려움이 많고 시야가 좁다. 다양성을 피하고 기회를 놓치는 경향이 있다.

– 팀 어시니 & 바바라 A. 케이, '하이퍼포머의 변화대처법'에서

촌철활인 | 한 치의 혀로 사람을 살린다

많은 일들이 운에 의해 좌우됩니다. 그러나 운칠기삼運七技三이라는 겸손함의 바탕 위에서 좋은 운을 개척하려는 다양한 노력을 꾸준히 해나간다면 결국은 누구나 운 좋은 사람들이 될 수 있습니다. 자신의 운은 자신이 만드는 것입니다.

낙관하라, 끊임없이 낙관하라

어떤 일을 시작하면 일단 잘될 것이라고 낙관하라. 그러면 그 낙관론이 성공을 안겨줄 것이다. 일시적으로 삐걱거리더라도 더 잘되기 위한 진통으로 받아들이고 더 잘될 결과를 생각하라.

– 톰 피터스, '리틀 빅씽'에서

촌철활인 | 한 치의 혀로 사람을 살린다

약 30년을 실리콘밸리에서 살아온 톰 피터스는 "어떻게 보면 무모해 보이기까지 한 애플과 인텔의 낙관주의가 그들을 초우량 기업으로 성장시키는 것을 지켜보았다."라고 말합니다. 그렇습니다. 혁신을 이끌어내는 진정한 힘은 낙관에서 나옵니다. 비관이 아닌 낙관이 세상을 변화시킵니다.

매일을 여생의 첫날로 시작하라

우리 모두는 가끔씩 좀 더 평온한 세계에서 살았으면 하고 바랄지 모르지만 현실은 결코 그렇게 되지 않을 것이다. 그러나 우리 시대가 어렵고 당혹스럽게 느껴지는 만큼 거기에는 우리를 위한 도전과 기회가 가득 차 있음을 알아야 한다.

– 로버트 케네디

촌철활인 | 한 치의 혀로 사람을 살린다

매일을 인생의 마지막 날이 아니라 여생의 첫날로 시작하라는 말이 있습니다. 이를 두고 긍정의 인생학이라 부릅니다.(송길원, '행복력'에서)

위인들의 낙관예찬을 함께 살펴보세요. "나는 천성적으로 낙관주의자다. 그런 태도로 살지 않는 것은 별로 도움이 안 되기 때문이다."(윈스턴 처칠) "염세주의자는 기회를 장애로 만드는 사람이고 낙관주의자는 장애를 기회로 삼는 사람이다."(해리 트루먼)

타인을 흥분시킬 수 있는 능력

리더의 열정과 낙관주의가 일으키는 파문효과는 실로 엄청나다. 냉소와 비관주의도 마찬가지다. 리더가 불평하고 비난하면 그의 동료들도 똑같이 행동한다. 나는 내게 '현실주의자'라는 냉정한 단어보다는 언제나 낙천주의자의 비현실적인 열망을 주라고 기도한다.

– 콜린 파월(미국 전 국무장관)

이와 같은 낙관주의와 열정을 가지고 있을 때만이, 리더는 구성원들에게 '불가능한 것을 가능하다고 믿게' 할 수 있습니다. 또한 평범한 사람들로부터 큰 힘을 이끌어내 높은 성과를 창출할 수 있습니다. HP는 관리자 선발 시 '남을 흥분시킬 수 있는 능력'을 크게 고려한다고 합니다.

나는 운을 믿습니다

나폴레옹은 전쟁터에서의 운을 믿느냐는 질문에 다음과 같이 대답했다. "예, 나는 운을 믿습니다. 나는 운이 나쁘다고 믿습니다. 때문에 이를 이겨내기 위해 계획을 짜고 실천합니다."

– '크런치 포인트'에서

촌철활인 | 한 치의 혀로 사람을 살린다

나폴레옹은 "리더는 희망을 파는 사람"이라는 말도 했습니다. 한편 "희망을 갖는 것은 전략이 아니다."Hope is not a strategy라는 말이 있습니다. 목표를 높이 설정하되 거기서 그치는 것이 아니라 이것을 달성하기 위한 구체적인 실행계획을 만들고 이를 모두의 목표로 만든 다음 힘을 합쳐 전력 질주할 때만이 탁월한 성과 창출이 가능합니다.

자신감이
성공을 부른다

'할 수 있다'의 힘

인간이 할 수 있는 일이라면 무엇이나 할 수 있다는 마음만 갖는다면 설사 어떤 고난에 처한다 해도 언젠가는 반드시 목표를 달성할 수 있다. 이것과 반대로 아주 단순한 일일지라도 자기에게는 무리라고 생각한다면 기껏 두더지가 쌓아 올린 흙더미에 지나지 않는 일도 태산처럼 보인다.

– 에밀 쿠에

촌철활인 | 한 치의 혀로 사람을 살린다

　성공한 사람들의 특징 중 하나는 강한 확신입니다. 그들은 자신이 하는 일이 틀림없이 잘될 거라 생각하며 긍정적인 자세로 일을 추진합니다. 그러면 그 신념이 혼신을 바쳐 목표를 관철하게 됩니다. 우리는 절망하지 말아야 합니다. 어려움을 만나는 것은 새로운 장애를 이겨낼 수 있는 특별한 시간을 만들 좋은 기회에 다름 아니기 때문입니다.

성공과 실패를 가르는
단 한 가지 차이

성공하는 사람과 실패하는 사람 사이에는 오직 한 가지 차이밖에 없는데, 그것은 돈도 아니고 머리도 아니야. 성공의 비결은 자신감이란다. 그런데 자신감을 가지려면 반드시 갖춰야 할 게 있지. 충분히 준비할 것, 경험을 쌓을 것, 그리고 절대 포기하지 말 것, 이 세 가지란다.

– 매리 매털린(딕 체니 미국 부통령 자문관)에게 아버지가 들려준 말

촌철활인 | 한 치의 혀로 사람을 살린다

사람들은 태어날 때부터 자신감을 갖고 있는 것은 아닙니다. 자신감은 준비, 성공, 경험, 조직 환경에서 나옵니다. 구성원들에게 자신감을 심어주는 것은 리더의 중요한 역할입니다. 하버드대 로널드 하이페츠 교수에 의하면 자신감을 얻은 구성원들은 기꺼이 위험을 감수하고 책임감을 느끼게 된다고 합니다.

정말로 성공하고 싶은가?

당신은 정말로 성공하고 싶은가? 성공할 자격이 있다고 생각하는가? 성공할 수 있다고 믿는가? 이 3가지 질문 모두에 '예'라고 대답할 수 없다면 성공할 가망성은 0이다. 성공하지 못하는 가장 큰 이유는 자신감 결여와 자기불신이다.

– 존 맥그레이스

촌철활인 | 한 치의 혀로 사람을 살린다

모든 일은 마음먹은 대로 됩니다. 자동차왕 헨리 포드도 "할 수 있다고 생각하는 사람도 옳고 할 수 없다고 생각하는 사람도 옳다. 그가 생각하는 대로 되기 때문이다."라는 긍정적 사고방식과 자기 확신의 중요성을 강조하고 있습니다. 성공에 대한 의지와 자신감 없이 성공하기를 바라는 것은 로또를 사지도 않고 당첨되기를 바라는 것과 진배없습니다.

'뭐든 할 수 있다'는
캔두이즘의 부활을 꿈꾸며

리더들이 제일 먼저 극복한 것은 외부적인 것이 아니라, '나는 못한다. 나는 재능이 없다. 내가 해서는 안 된다'는 두려움이었다. 기본적으로 인간 능력의 한계는 없다.

— 스티븐 코비, '성공하는 사람들의 7가지 습관'에서

촌철활인 | 한 치의 혀로 사람을 살린다

"해보긴 했어?" 故 정주영 회장이 안 된다고 말하는 직원들에게 입버릇처럼 강조한 말입니다. 직장의 별이라고 일컬어지는 임원이 된 사람과 그렇지 못한 사람의 가장 큰 차이는 다름 아닌 일에 대한 적극성과 긍정적 사고, 자신감 등입니다. "성공의 80%는 자신감에 달려있다."라는 우디 앨런의 말에 전적으로 동감합니다.

"난 할 수 있어!"라고
더 자주 외쳐야 하는 이유

우리는 열일곱 살이 될 때까지 "아니, 넌 할 수 없어."라는 말을 평균 15만 번 듣는다. "그래, 넌 할 수 있어."는 약 5,000번이다. 부정과 긍정의 비율이 무려 30대 1이다. 이런 까닭에 '난 할 수 없어.'라는 믿음이 마음속에 강하게 자리 잡는다.

— 존 아사리프 & 머레이 스미스, 'The answer'에서

촌철활인 | 한 치의 혀로 사람을 살린다

이런 환경 속에서 자라기 때문에 성인이 되기 전에 이미 우리 마음속에는 '나는 할 수 없다.'라는 믿음이 강하게 자리 잡게 됩니다. '나는 할 수 있다.'라고 더욱더 자주, 그리고 힘차게 외쳐야 하는 이유가 여기에 있습니다.

세상에는 두 종류의 사람이 있다

세상에는 두 종류의 사람들이 있다. 자신이 할 수 있다고 생각하는 사람과 할 수 없다고 생각하는 사람이다. 물론 두 사람 다 옳다. 언제나 자신의 경험이 그러한 믿음을 만들기 때문이다.

– 헨리 포드(포드 자동차 창업회장)

성공과 실패의 경험이 그러한 믿음을 강화시키기도 하지만, 오히려 생각에 따라 성공과 실패가 갈리는 경우가 더 많습니다. 위대한 성과는 '큰 목표를 세우고, 할 수 있다는 강한 자신감 하에 과감히 도전하는 사람들'이 만들어 냅니다. 반면 '할 수 없다, 어렵다, 안될 것이다.'라고 처음부터 지레 겁을 먹고 시작하면 이룰 수 있는 것이 하나도 없습니다.

리더와 자신감

리더는 남들에게도 전염될 수 있는 긍정적인 태도를 지녀야 하며, 어려움에 직면했을 때 인내할 줄 아는 결단력이 있어야 한다. 스스로 결과를 확신할 수 없을 때조차도 자신감을 발산해야 한다.

– 몽고메리(Bernard Montgomery)

촌철활인 | 한 치의 혀로 사람을 살린다

자신감이 부족한 리더, 우유부단한 리더는 아무도 따르지 않습니다. 리더는 스스로 자신감을 갖는 것을 뛰어넘어 조직원 모두에게 자신감을 전염시킬 수 있어야 합니다. 몽고메리 장군은 리더에 대한 마지막 시험은 '회의를 마치고 그와 헤어졌을 때 구성원들이 의기양양해하고 자신감을 갖게 되었는가' 하는 것이라 말합니다.

신념은 현실로 드러난다
(자성예언의 힘)

    뭔가 성취하기를 원한다면 반드시 해야 할 일이 하나 있다. 스스로에게 재능이 없다는 믿음을 단호하게 거부하는 것이다. 재능을 갖고 있다는 확고한 신념이 없다면 아무리 놀라운 재능을 갖고 있어도 소용이 없다. '나는 재능이 없다.'고 믿는 것은 우리에게 치명적 영향을 끼친다.

– 이민규, '1%만 바꿔도 인생이 달라진다'에서

촌철활인 | 한 치의 혀로 사람을 살린다

    사회학자 로버트 머튼은 '사람들의 신념이 현실로 이루어지는 것, 즉 스스로 자신에게 기대나 암시를 통해 목표를 성취하도록 하는 것'을 자성예언自成豫言이라고 명명한 바 있습니다. 뇌는 상상과 현실을 따로 구분하지 않습니다. 원대한 꿈을 꾸고 그 꿈이 현실인 것처럼 생활하면 꿈은 마침내 현실이 됩니다. 신념은 그 자체로 힘을 가지고 있습니다.

아인슈타인 어머니의 칭찬

위대한 물리학자 아인슈타인은 초등학교 성적이 엉망이었다. 아인슈타인이 어느 날 받아온 성적표에는 이렇게 적혀 있었다. "이 학생은 장차 어떤 일을 해도 성공할 수 없을 것으로 판단됨." 담임선생님의 이 짤막한 의견을 읽은 아인슈타인의 어머니는 어린 아인슈타인에게 이렇게 말했다. "너는 남과 아주 다른 특별한 능력을 가지고 있단다. 남과 같아서야 어떻게 성공하겠니?"

촌철활인 | 한 치의 혀로 사람을 살린다

리더십을 키우는 방법으로 많이 얘기되는 것이 칭찬과 경청입니다. 칭찬을 해줄 상황보다는 비난과 질책, 꾸중을 해야 할 상황이 더 많다고 생각하기 쉽습니다. 그러나 꾸중해야 할 상황에서 오히려 계속 칭찬하면, 분명히 그 사람도 변화하고, 우리의 관계도 변화합니다.

현재의 어려움은
성격 테스트일 뿐이다

　　결심하기에 따라서 무엇이든 이룰 수 있다. 풀지 못할 문제 따위는 없다고 믿자. 지금 겪는 어려움은 그저 당신의 성격이 어떤지, 실력이 어떤지를 시험하는 테스트일 뿐이라고 받아들여라. 도전으로 생각하면 지식과 지혜를 얻을 수 있는 기회가 될 것이다.

– 브라이언 트레이시, '크런치 포인트'에서

촌철활인 | 한 치의 혀로 사람을 살린다

　　자신감과 성공은 밀접한 상관관계를 가집니다. 그러나 왕양명(중국)은 "산 속에 있는 적 1만 명은 잡기 쉬워도 내 마음속에 있는 적 1명은 정말 잡기 힘들다."라며 자신감 유지의 어려움을 토로하고 있습니다. 자신감을 키우기 위해서는 현재의 괴로움과 역경은 나를 키우기 위한 좋은 선물이라 생각하는 것이 필요합니다. 거센 북풍이 바이킹을 만든 것처럼, 역경이 커질수록 더욱 더 큰 사람으로 단련될 수 있습니다.

실패하리라는 '생각'이
가장 위험하다

어느 사업이나 실패의 위험은 다 있는 법이지만 가장 위험한 것은 처음부터 실패할 여지가 있다는 생각을 안고 일에 착수하는 것이다.

– 이병철(삼성창업회장), 1980 전경련 강연에서

모든 것이 같은 상황에서 성공하리라 믿으면 성공하고, 실패할 것이라고 지레 겁먹으면 실패하는 사례들을 많이 보게 됩니다. 인간의 의지는 그만큼 위대한 것입니다. 실패할 것 같아 회피하는 것은 누구나 할 수 있습니다. 그러나 실패 확률이 높더라도 강한 의지와 집념으로 바보처럼(?) 과감하게 도전하는 사람들에 의해 인류는 발전해 왔습니다.

네거티브 에너지를
포지티브 에너지로

기업 내의 심리적 에너지는 그 원천에 따라 네거티브(-) 에너지와 포지티브(+) 에너지로 나뉜다. 네거티브 에너지는 불만족이나 위기에서 오는 에너지인 바 이는 시간과 함께 감퇴한다. 포지티브 에너지는 '제대로 진행될 거 같다는 반응이 낳는 에너지'다. 기업 혁신 과정에서는 네거티브 에너지로부터 포지티브 에너지로의 전환이 타이밍에 맞게 이뤄져야 한다.

— 페티글루(영국 경영학자)

촌철활인 | 한 치의 혀로 사람을 살린다

성공이 (+)에너지를 방출함으로써 또 다른 성공을 부릅니다. 작은 성공이 집단에 탄력을 불어넣어 활력이 넘치게 하는 성공 체험의 확산Small Success이 필요합니다. 변화를 위해서는 위기의식의 공유가 절대 필요하지만, 지속적 위기상황에 모두가 의기소침함으로써 모든 것을 잃어버리는 우를 범하는 것 또한 경계해야 할 일입니다.

자신감과 단순함, 그리고 속도

자신 있는 사람들만이 심플해질 수 있다. 자신감이 없으면, 복잡한 말을 하게 된다. 심플하지 않으면 빨리 내달릴 수 없다. 빠르지 않으면 글로벌 경제에서 죽은 거나 마찬가지이다. 그래서 우리는 직원들의 자신감을 구축시켜 줌으로써 심플하게 일하도록 한다.

— 잭 웰치

자신감은 리더로 성장하는 데 핵심 역할을 합니다. 자신감을 키워 모두가 리더 되는 조직을 만들면 당연히 성과가 높아집니다. 임파워먼트와 성공체험, 끝없는 도전과 자기 계발, 높은 기대와 칭찬 이런 모든 것이 어우러질 때 사람들은 자신감을 갖게 됩니다.

자신 있는 사람만이
개방적인 태도를 취할 수 있다

　적당한 자신감이야말로 승리의 가장 중요한 기준이다. 자신감 있는 사람들은 출처에 관계없이 모든 아이디어와 변화에 개방적인 태도를 가지고 있다. 자신감 있는 사람들은 자신의 의견에 도전받는 것을 두려워하지 않는다. 그들은 아이디어를 더욱 풍성하게 만드는 지적인 싸움을 즐긴다.

— 잭 웰치

촌철활인 | 한 치의 혀로 사람을 살린다

　자신감은 남이 낸 아이디어에 개방적 태도를 갖게 해줍니다. 또한 자신감은 자신의 일에 대한 흥미로 이어집니다. 재미를 느끼면 엄청난 일을 해낼 수 있습니다. 성공으로 향하는 한 가지 중요한 열쇠는 자신감입니다. 자신감을 얻는 중요한 열쇠는 철저한 준비에 있습니다.

자신을 믿는다면
더 어려운 길을 선택하자

산을 오르는 것과 영화를 만드는 것은 기본적으로 똑같다. 시작할 때부터 의심을 품으면 일은 어려워진다. 물리적인 어려움이 밀려들기 전에 실질적인 벽이 생겨 버리는 것이다. 산을 오를 때 그 산을 오를 수 있다고 믿어야 한다. 전에 쉬운 길을 따라 갔다면 이번에는 어려운 길을 가보고 싶어 해야 한다. 그래야 자기 자신에 대한 긴장감을 유지할 수 있다.

– 라스 폰 트리에(영화감독)

촌철활인 | 한 치의 혀로 사람을 살린다

이어지는 트리에 감독의 이야기입니다. "이런 방식으로 나는 영화를 만들고, 규칙을 세운다. 그런 다음에는 쉬운 길이 있음에도 어려운 길을 선택한다. 그것이 나의 장점을 발휘할 수 있는 것이라면 걱정하지 않는다. 그건 깊은 바다에서 수영을 하는 것과 같다. 자신을 믿어야 한다. 갑자기 겁을 먹는다면 밑으로 가라앉을 수밖에 없다."

운명은 용기 있는 사람에겐 약하다

사람은 대개 자기의 운명을 스스로 만들어가고 있다. 운명이란 외부에서 오는 것 같지만, 알고 보면 자기 자신의 약한 마음, 게으른 마음, 성급한 버릇, 이런 것들이 결국 운명을 만든다. 어진 마음, 부지런한 습관, 남을 도와주는 마음, 이런 것들이야말로 좋은 운명을 여는 열쇠다. 운명은 용기 있는 사람 앞에서는 약하고 비겁한 사람 앞에서는 강하다.

— 세네카

촌철활인 | 한 치의 혀로 사람을 살린다

삶이란 우리 인생 앞에 어떤 일이 생기느냐에 따라 결정되는 것이 아니라, 우리가 어떤 태도를 취하느냐에 따라 결정되는 것입니다. 운명보다 더 중요한 것이 그것을 바라보는 태도와 자세입니다. 태도와 자세에 따라 운명도 바뀌기 때문입니다.

긍정적인 사람은 항상 희망적이다

긍정적인 사람들은 '나는 할 수 있어! 잘 해낼 거야!'라고 생각한다. 그런 자신감은 에너지를 샘솟게 하고 안 될 일도 되게 한다. 그들은 항상 가능성을 보고 더 노력하기 때문에 부정적인 사람보다 앞서 갈 수밖에 없다. 긍정적인 사람은 인생이라는 경기를 시작할 때부터 100미터 정도의 보너스를 미리 받는 셈이다. 대학 졸업 후 미국에 왔을 때 나는 내 인생에서 가장 중요한 선택과 결정을 했다. 바로 긍정적인 사고방식과 태도로 살기로 한 것이다.

— 전신애(전 미 차관보), '너는 99%의 가능성이다'에서

반면에 부정적인 사람은 "잘 안 될 거야! 자신이 없어!" 같은 말을 입에 달고 삽니다. 그런 부정적 회의감은 에너지를 푹 꺼지게 만들고 될 일도 안 되게 합니다. 부정적인 사람들은 세상의 어두운 면을 먼저 보지만 긍정적인 사람들은 세상의 밝은 면을 먼저 봅니다.

변화의 성공은 마음가짐에 달려 있다

변화는 사람의 마음에 상당한 심리적 영향을 준다. 변화는 두려워하는 사람에게는 위협이 된다. 일이 잘못될지 모르기 때문이다. 변화는 희망을 품는 사람에게는 힘을 북돋아 준다. 일이 잘될지 모르기 때문이다. 변화는 자신감 있는 사람에게는 영감을 준다. 성공의 징검다리인 도전적 과제가 있기 때문이다.

– 킹 위트니 주니어(King Whitney Jr.)

촌철활인 | 한 치의 혀로 사람을 살린다

변화가 있으므로 인해 흥망성쇠가 갈리게 됩니다. 안정은 기존 상황이 지속되는 것을 의미하기에 이는 당연한 논리입니다. 문제는 변화를 어떻게 받아들이느냐에 따라 득과 실이 결정된다는 것입니다.

긍정으로 살아가기

긍정마인드로 무장하라

긍정언어를 생활화하라

마음의 근육을 키우자

매사에 긍정을 실천하라

긍정마인드로
무장하라

마음먹기에 모든 것이 달려 있다

사람들의 대응방식은 생각과 감정 그리고 그에 따른 행동에 의해 전적으로 결정된다. 좋건 나쁘건 상관없이 감정의 95%는 어떤 일이 벌어졌을 때 이를 어떻게 받아들이는 가에 따라 달라진다.

— 마틴 셀리그만(긍정 심리학자)

촌철활인 | 한 치의 혀로 사람을 살린다

이 논리를 따르면 기분 나쁜 일도 내가 그렇게 만든 것이고, 기분이 좋은 일도 결국 내가 만든 일이라 할 수 있습니다. 문제의 핵심은 부정적 감정은 저조한 실적을 낳고 긍정적 감정은 훌륭한 업적을 만들어 낸다는 것입니다. 결국 마음먹기에 모든 것이 달려 있습니다.

우리는 믿는 것만큼 본다

생각을 먼저 지배하는 것은 우리들이지만, 그 다음에는 생각이 우리를 지배한다. 우리는 자신이 보는 것을 믿는 것이 아니라 믿는 것을 보는 것이다. 어떤 일을 하든 믿음만큼 성공한다. 생각이 우리의 태도와 행동을 결정하고 그것들은 다시 성공과 실패를 결정한다.

– 브라이언 트레이시

촌철활인 | 한 치의 혀로 사람을 살린다

동양에서는 이미 오래전에 일체유심조一切唯心造라 하여 마음이 모든 것을 지배한다는 사상을 가져왔습니다. 내가 맘껏 창조하는 생각이 바로 내가 바라는 세상을 만들어 갑니다. 온 우주를 통틀어 가장 고귀한 존재는 바로 '나'라는 사실을 잊지 마세요.

꿈이 아닌 해몽이 행복을 결정한다

행복한 사람들은 태도에서 차이를 보인다는 사실이 드러났다. 늘 행복한 사람은 천성과 노력을 통해 긍정적인 사고 전략을 개발했을 가능성이 높다. 쾌활한 사람들은 긍정적인 것을 찾으며(주의), 중립적인 사건을 긍정적으로 생각하고 어려움 속에서 성장의 기회를 발견하고(해석), 가치 있는 기억을 더 많이 한다.(기억)

– 에드 디너, '모나리자 미소의 법칙'에서

촌철활인 | 한 치의 혀로 사람을 살린다

사람들은 자신에게 일어난 일 때문에 행복하거나 불행하다고 생각합니다. 그러나 행복한 사람이나 불행한 사람이나 그들이 체험하는 긍정적이거나 부정적인 사건의 양은 대동소이합니다. 행복한 사람들은 긍정적인 방향으로 해석하고 좋은 것을 주로 기억합니다. 어려운 가운데서 유머로 대처하고 문제보다는 기회에 초점을 맞춥니다. 사건과 상황은 바꾸기 힘들지만 생각과 태도는 쉽게 바꿀 수 있습니다. 행복은 내가 만드는 것입니다.

시소(SISO) 게임을 하자

마음의 밭에 '긍정'을 심으면 긍정적인 결과가 나오고 '부정'을 심으면 부정적인 결과를 낳는다. 이를 시소(SISO)라고 한다. 생각 속에 성공을 넣으면(Success In), 성공의 결과가 나온다.(Success Out)

— 박형미(파코메리 대표이사), '그곳에 파랑새가 있다'에서

촌철활인 | 한 치의 혀로 사람을 살린다

불치의 병, 암癌도 이를 반가운 친구로 생각하는 긍정적인 사고를 갖게 되면 치유가능성이 높아진다고 전문가들은 말합니다. 과거에는 근거 없이 그냥 그렇게 믿었던 많은 것들이 과학기술의 발전으로 하나둘 증명되고 있습니다. 긍정적 생각이 긍정적 결과를 낳는다는 것, 이제는 과학적 사실입니다.

마음은 텔레비전 채널과 같다

마음은 수천 개의 채널이 있는 텔레비전과 같다. 그리하여 우리가 선택하는 채널대로 순간순간의 우리가 존재하게 된다. 분노를 켜면 우리 자신이 분노가 되고, 평화와 기쁨을 켜면 우리 자신이 평화와 기쁨이 된다.

— 틱낫한, '살아있는 지금 이 순간이 기적'에서

촌철활인 | 한 치의 혀로 사람을 살린다

마음의 밭에 '긍정'을 심으면 긍정적인 결과가 나오고 '부정'을 심으면 부정적인 결과를 낳게 됩니다. '일부러라도 미소를 지으면 더 행복감을 느끼고 억지로라도 슬픈 표정을 지으면 더욱 슬퍼진다'는 윌리엄 제임스 교수의 주장처럼, 행복과 불행, 성공과 실패, 분노와 기쁨도, 마치 채널을 돌리듯이 내가 선택하는 것입니다. 긍정의 방향으로 채널을 고정시켜 두십시오.

우리의 마음은 밭이다

우리의 마음은 밭이다. 그 안에는 기쁨, 사랑, 즐거움, 희망과 같은 긍정의 씨앗이 있는가 하면 미움, 절망, 좌절, 시기, 두려움 등과 같은 부정의 씨앗이 있다. 어떤 씨앗에 물을 주어 꽃을 피울지는 자신의 의지에 달렸다.

– 틱낫한(스님)

마음의 밭에 '긍정'을 심으면 긍정적인 결과가 나오고 '부정'을 심으면 부정적인 결과를 낳게 됩니다. 생각 속에 성공을 넣으면 Success In, 성공의 결과가 나옵니다Success Out. 생각을 바꾸면 인생이 바뀝니다.

마음은 최고의 친구이자 최고의 적

질그릇을 내기로 활을 쏘면 잘 쏠 수 있지만, 허리띠의 은고리를 내기로 걸고 활을 쏘면 마음이 흔들리고, 황금을 걸고 활을 쏘면 눈앞이 가물가물하게 되느니라. 그 재주는 마찬가지인데 연연해하는 바가 생기게 되면 외물(外物)을 중히 여기게 되니, 외물을 중히 여기는 자는 속마음이 졸렬해지는 것이리라.

- 장자

촌철활인 | 한 치의 혀로 사람을 살린다

마음의 중요성을 강조하는 말씀들을 함께 새겨봅니다. "마음을 정복한 사람에게 마음은 최고의 친구이다. 그러지 못한 사람에게 마음은 최대의 적이다."(바가바드 기타) "훈련되지 않은 마음처럼 제멋대로인 것은 없다. 훈련된 마음처럼 잘 복종하는 것도 없다."(부처)

마음을 고치면 인생도 고칠 수 있다

사람은 슬퍼서 우는 것이 아니라 울어서 슬퍼지고, 즐거워서 웃는 것이 아니라 웃어서 즐거워진다. 우리 세대의 가장 위대한 발견은 사람은 자기 마음을 고치기만 하면 자신의 인생까지도 고칠 수 있다는 것이다.

– 윌리엄 제임스

"마음속의 생각이 그대를 만들고 미래의 모습을 만들고 기쁨을 만들기도, 슬픔을 만들기도 한다. 마음속으로만 생각해도 현실로 나타난다. 이 세상은 그대를 비추는 거울일 뿐이다." 제임스 앨런의 글입니다.

세상에 나쁜 날씨란 없다

햇빛은 달콤하고, 비는 상쾌하고, 바람은 시원하며, 눈은 기분을 들뜨게 만든다. 세상에 나쁜 날씨란 없다. 서로 다른 종류의 좋은 날씨만 있을 뿐이다.

— 존 러스킨. '나를 위한 하루 선물'에서

촌철활인 | 한 치의 혀로 사람을 살린다

날씨뿐만 아니라 인생을 살아갈 때 맞이하는 환경도 모두에게 똑같이 주어집니다. 그러나 누군가에겐 기회와 감사의 소재가 되고, 또 누군가에는 투정과 불만의 소재가 되기도 합니다. 결국 내가 마음먹기에 따라 세상 모든 것은 감사와 축복, 기회가 될 수 있습니다.

플러스 발상의 위력

무엇이든 플러스 발상을 하는 습관을 가진 사람은 면역성이 강하여 좀처럼 병에 걸리지 않는다. 그러나 늘 마이너스 발상만 하는 사람은 한심스러울 정도로 쉽게 병에 걸리고 만다. 똑같은 상황, 똑같은 라이프 스타일에도 불구하고 생기 있고 건강한 사람이 있는가 하면 늘 기운이 없고, 병약한 사람이 있다. 이 같은 차이는 대부분 마음가짐에서 시작된다.

— 하루야마 시게오, '뇌내혁명'에서

촌철활인 | 한 치의 혀로 사람을 살린다

과거에는 이런 주장들이 단순한 주장에 불과했습니다. 그러나 이제는 과학적으로 검증되고 있습니다. 마음가짐이 행동을 바꾸고 그 행동이 결과를 바꿉니다. 이 책을 읽는 이 순간에도 끊임없이 자신을 괴롭혀 온 징크스 등에 대해 다시 한번 생각해 보십시오. 분명 어제와는 다르게 오늘을 바라보게 될 것입니다.

90:10에 대한 10:90의 도전

사람들은 사건사고를 90으로 본다. 그리고 내가 취할 수 있는 반응, 태도, 행동양식을 10으로 본다. 이를 불행의 방정식이라 한다. 하지만 행복의 방정식은 이를 10:90으로 뒤집는다.

– 송길원(목사), '비움과 채움'에서

촌철활인 | 한 치의 혀로 사람을 살린다

행복은 외부적 조건이 아니라 내 마음속에 있음을, 즉 행복과 불행은 내가 선택할 수 있음을 보여주는 놀라운 통찰력입니다. 보통 사람들은 하루에 오만 가지 생각을 하고 있습니다. 그중 긍정의 비중이 높은 사람일수록 성공과 행복의 가능성은 높아집니다. 불행 방정식이 아닌 행복 방정식이 나를 지배하게 바꿔보십시오.

이 세상에서 가장 강한 사람

마음에 따라 사람의 모든 기관은 좌우되고 있다. 마음은 보고, 걷고, 굳고, 부드러워지고, 기뻐하고, 슬퍼하고, 화내고, 두려워하고, 거만해지고, 사랑하고, 미워하고, 부러워지고, 사색하고, 질투하고, 반성한다. 그러므로 세상에서 가장 강한 인간은 자기의 마음을 통제할 수 있는 인간이다.

– '탈무드'에서

촌철활인 | 한 치의 혀로 사람을 살린다

우리는 우리가 할 수 있다고 생각하는 것만 할 수 있습니다. 우리가 될 수 있다고 생각하는 것만 될 수 있습니다. 우리는 가질 수 있다고 생각하는 것만 가질 수 있습니다. 무엇을 하거나 무엇이 되거나 무엇을 갖는가는 모두 우리 생각에 달려있습니다.(로버트 쿨리에)

슬럼프는 그것을
자인하는 자에게만 적용된다

사람들이 현재 내가 슬럼프에 빠졌다고 쑥덕거린다는 것을 알고 있다. 슬럼프, 끔찍한 말이다. 그러나 슬럼프란 그걸 자인(自認)하는 자에게만 적용될 뿐이다. 나는 그렇게 배웠다. 흐린 날이 있으면 맑은 날도 있고, 오르막이 있으면 내리막이 있다. 나쁜 경험은 없다. 딛고 일어서는 사람에겐 모든 것이 좋은 경험이다.

– 박세리(프로골퍼), 조선일보 칼럼에서

촌철활인 | 한 치의 혀로 사람을 살린다

"삶이라는 것도 그렇지 않을까. 골프처럼 재미있기도 하고 어렵기도 하고, 신중해야 하지만 너무 긴장할 필요는 없고, 자신의 경험을 밑바탕으로 계획을 세우고 밀어붙여야 하는 것"이라고 박 선수는 말합니다. 스트레스에도 좋은 스트레스, 즉 유스트레스라는 것이 있습니다. 어느 정도의 스트레스는 있어야 모든 생물은 발전할 수 있습니다. 모든 스트레스는 생각 여하에 따라 유스트레스로 전환될 수 있습니다.

긍정적 사고로 낙심을 제압하라

못된 악마가 저잣거리에 노점상을 차리고, 이상하게 생긴 물건에 가장 비싼 가격표를 붙여 놓았다. 지나가던 사람들이 궁금해서 무엇에 쓰이는 물건인지 물었다. 악마 왈 "이건 내가 가진 것 중 가장 강력한 도구지. 바로 낙심이라네. 난 이걸 사용해, 인간들이 마침내 절망에 빠질 때까지 끈기 있게 일한다네. 절망에 한번 빠지면 그걸로 그만이야. 인간들은 내 노예로 전락하고 말거든."

– 양창순, '당신 자신이 되라'에서

긍정적 자세와 희망, 그리고 부정적 마음과 절망 둘 다 전염성이 매우 강합니다. 리더는 조직 내에 희망과 긍정적 사고, 열정을 전염시키는 사명을 가지고 살아가는 사람입니다.

축복의 통로, 고난과 역경

영어로 '기회는 지금 여기에 있다(Opportunity is now here)'와 '기회는 아무 곳에도 없다(Opportunity is nowhere)'는 문장은 한 단어를 띄어 쓰느냐 붙여 쓰느냐에 따라 차이가 있을 뿐이다. 그러니 현재의 시련을 기회로 보는 긍정적이고 적극적인 태도를 가져라.

– 강영우(박사), '꿈이 있으면 미래가 있다'에서

촌철활인 | 한 치의 허로 사람을 살린다

14세에 실명이라는 고난을 딛고 일어서, 미국 백악관 국가장애위원회 위원이 된 강영우 박사는 당시 하느님이 눈을 고쳐 달라는 기도에 '예스'로 응답하지 않고 '노'로 응답했기에 오늘의 자신이 있다고 말합니다. 그는 역경은 고난의 능력Negative Capacity을 키워주는데 이는 그런 고통을 경험한 사람만이 갖게 되는 능력이고 결국은 인생승리의 자산이 된다고 설명합니다.

No를 거꾸로 쓰면

NO를 거꾸로 쓰면 전진을 의미하는 ON이 된다. 모든 문제에는 반드시 문제를 푸는 열쇠가 있다. 끊임없이 생각하고 찾아내라.

— 노먼 빈센트 필

촌철활인 | 한 치의 혀로 사람을 살린다

판매의 신으로 일컬어지는 엘머 레터맨 역시 "판매는 거절당한 때부터 시작이다."라고 No-On의 비밀을 말하고 있습니다. 모든 사람들이 안 된다고 생각해 포기할 때 고go를 외칠 수 있는 사람, 그 사람이 바로 승리자입니다. "성공이란 대체로 남들이 끈을 놓아버린 뒤에도 계속 매달려 있는 사람에게 돌아가는 대가"라는 말을 새겨봅니다.

미국에서 가장
돈을 많이 버는 직업은?

나는 가끔씩 내 강의를 듣는 청중에게 "미국에서 가장 돈을 많이 받는 직업은 무엇일까요?"라고 묻곤 한다. 대답은 정치가나 대중연설가, 변호사까지 그때그때 다르다. 그렇게 청중의 의견을 들은 후에는 진짜 답을 말해준다. 미국에서 가장 돈을 많이 받는 직업은 '생각하기'라고 말이다.

— 브라이언 트레이시, '크런치 포인트'에서

촌철활인 | 한 치의 혀로 사람을 살린다

전적으로 동의합니다. 상상과 창조는 전부 생각하기의 산물입니다. 10번, 20번, 50번, 100번 생각하면 모든 문제가 풀어집니다. 토마스 에디슨은 두뇌의 힘을 "한 문제에 관해 지치지 않고 끊임없이 물리적, 정신적 에너지를 모으는 능력"이라고 말합니다. 다행히 창조적 능력은 근육과도 같이 사용하면 할수록 강해집니다.

인생을 바꾸는 가장 손쉬운 방법

'코기토 에르고 숨(Cogito ergo sum)'은 "나는 생각한다. 고로 존재한다."라는 의미의 라틴어다. 인간은 생각을 통해 모든 것을 지배한다. 마찬가지로 당신의 생각은 당신을 지배한다. 생각을 바꾸면 인생이 바뀐다. 그것도 부정적 생각보다 긍정적 생각이어야 한다.

– 브라이언 트레이시

브라이언 트레이시는 이를 마음 등가의 법칙the law of mental equivalency이라 부릅니다. 모든 것은 생각에 달려있습니다. "더 이상 시도하지 않는 것 말고는 실패란 없다. 내부로부터 오는 것 말고는 패배란 없다. 타고난 의지박약을 제외하고는 정말 감당하기 어려운 장애는 없다." 킨 허바드의 글입니다.

인생은 B to D

여러 가지 인생에 대한 정의 중 인생은 B to D라는 말이 가슴에 다가온
다. B는 Birth(태어남)이고, D는 Death(죽음)이다. 즉 인생은 태어났다가 죽
는 것. 그 이상도 이하도 아니다. 그럼 B와 D 사이에는 무엇이 있는가? C
가 있다. C는 무엇인가? 바로 Choice(선택)이다. 즉 인생은 주어지는 것이
아니고 선택하는 대로 되는 것이다.

– 최염순, '미인대칭비비불'에서

촌철활인 | 한 치의 혀로 사람을 살린다

셰익스피어 말대로 세상에 절대적으로 좋고 나쁜 것은 없습
니다. 우리의 생각이 그렇게 만들 뿐입니다. 우리는 우리가 행
복해지려고 마음먹은 만큼 행복해질 수 있습니다. 행복과 불행
을 결정하는 것은 외부 환경이 아니라 그 환경을 어떻게 바라볼
것인가에 대한 나의 선택에 달려있습니다.

불(不) 자가 많은 사람에게는
일을 시키지 않는다

나는 중요한 일을 할 때 불만, 불안, 불신, 불평등 불(不) 자가 많은 사람은 포함시키지 않는다. 큰일을 할 때는 불(不) 자가 많은 사람을 넣으면 본인뿐 아니라 다른 사람에게도 악영향을 주어 일을 그르치고 말기 때문이다.

– 이하라 류이치(일본 제왕학의 스승)

촌철활인 | 한 치의 혀로 사람을 살린다

과거에 없던 새로운 일을 시작할 때는 대다수의 사람들이 불不 자를 입에 올립니다. 그러나 세상 모든 사람들이 안 된다는 생각만 했다면, 역사 속에 등장하는 그 무수한 최초는 결코 없었을 것입니다. (송수용, 'DID로 세상을 이겨라'에서)

'안 된다'는 논문을 쓰는 기업은 망한다

안 된다는 논문을 쓰는 기업은 망한다. 된다는 논문만 필요하다. 안 된다는 것을 증명할 시간이 있으면, 그 시간에 차라리 되는 '다른 방법'을 찾는 것이 낫다. 대학에서 하는 연구라면, '왜 안 되는가'를 논리적으로 증명하는 것으로도 박사 학위를 받을 수 있다. 하지만 기업에서는 '안 된다'는 것을 증명해내는 것만으로는, 좋은 제품을 만들어낼 수도 없고 새로운 고객을 끌어들일 새로운 아이디어를 만들어낼 수도 없다.

– 나가모리 시게노부(일본전산 회장)

촌철활인 | 한 치의 혀로 사람을 살린다

나가모리 회장은 "컨설턴트라면 '왜 신규 사업이 위험한지' '왜 이 상품을 접어야 하는지' 시시콜콜 의견을 제시할 수 있지만, 그 외의 직원들에게 그런 권한은 없다. 똑똑한 사람들은 이론을 들이대면서 못 할 이유를 열거한다. 하지만 우리는 그렇게 이론을 들이댈 시간에 한 번 더 시도하고 백 번 더 실험해서 만들어낸다. 그것밖에 없다."라고 말합니다. 지금까지 인류 역사상 주요 업적들은 모두 '할 수 있다.'고 생각한 데서 출발했습니다.

333법칙

나는 333법칙을 믿는다. 팀, 직장 어디서든 구성원을 상중하로 나누면 언제나 똑같은 특징이 드러난다. 하위 1/3은 그 무엇도 흡족하게 여기지 않기에 사람들의 생기를 빨아들인다. 중위 1/3은 일이 잘 풀릴 때는 행복하고 긍정적이지만 고난이 찾아오면 주저앉고 만다. 상위 1/3은 시련의 순간에도 긍정적 자세를 잃지 않는다.

– 수 엔퀴스트(여자 소프트볼 감독)

촌철활인 | 한 치의 혀로 사람을 살린다

나는 어디에 속할까요? 상위 3분의 1의 사람들이 앞에서 다른 사람을 이끌고 영향을 미치며 전세를 역전시킵니다. 나 스스로 그 부류에 포함될 수 있어야 하며, 또한 그런 사람들과 어울려야 합니다. 긍정도 부정도 모두 바이러스처럼 급속하게 전파됩니다.

감정이 풍부한 사람이 학습도 잘한다

감정과 기억은 대부분 동일한 회로를 사용한다. 그래서 감정과 기억은 서로를 강화해준다. 감정이 풍부한 사람은 기억력이 탁월하다. 어떤 감정은 기억의 인출에 도움을 준다. 그리고 기억력이 탁월한 사람은 좋은 학습자가 된다.

— 박문호(뇌과학자)

긍정, 명랑, 쾌활, 낙관, 유머등의 플러스(+)적 감정 상태일 때 학습과 업무 효율이 올라간다는 과학적 증거들이 속속 드러나고 있습니다. 탁월한 성과 창출을 위해서는 끝없는 노력과 더불어, 적절한 휴식과 같은 좋은 감정상태를 유지할 수 있는 노력이 병행되어야 한다는 것을 되새겨 봅니다.

궁정언어를
생활화하라

긍정의 언어를 외치는 만큼 삶은 행복하다

여러분 자신에게 긍정적인 이미지를 불어넣고 싶다면 다음 세 문장을 매일 아침 외쳐라. "나는 오늘 기분이 좋다! 나는 오늘 건강하다! 나는 오늘 너무 멋있다!"

– 클레멘트 스톤(W. Clement Stone)

촌철활인 | 한 치의 혀로 사람을 살린다

아침에 일어나서 가장 먼저 이 글귀를 보고 또 따라서 외칠 수 있을 만한 곳에 이 글귀를 써 붙여놓으면 어떨까요? 우리는 우리가 할 수 있다고 믿고, 될 수 있다고 믿는 것만 될 수 있습니다. 무엇을 하거나 무엇이 되는가는 모두 우리의 생각에 달려있습니다.

원하는 것을 말하고 또 말하라

삶은 부메랑이다. 우리들의 생각, 말, 행동은 언제가 될지 모르나 틀림없이 되돌아온다. 그리고 정확하게 우리 자신을 그대로 명중시킨다. 말에는 창조의 힘이 숨어있다. 원하는 것을 말하고 또 말하라.

– 플로랑스 스코벨 쉰

촌철활인 | 한 치의 혀로 사람을 살린다

"어떤 말을 만 번 이상 되풀이하면 반드시 미래에 그 말이 이루어진다."는 아프리카 속담이 있다고 합니다. 반복적인 생각과 말은 결국 현실이 됩니다. 악하고 부정적인 생각과 말은 절망의 열매를, 선하고 긍정적인 생각과 말은 소망과 성취의 열매를 맺게 됩니다.

말에는 예언자적 힘이 있다

인간은 말의 지배를 받는 동물이다. 성공하는 사람은 말부터 다르다. 그들의 말은 늘 확신에 차 있고, 긍정과 낙관으로 가득하다. 성공했기에 말이 달라진 것이 아니다. 말이 다르기에 성공한 것이다. 성공할 기미가 없는 사람들을 보라. 말에 자신이 없고 부정과 비관으로 가득 차 있다. 그리고 늘 남을 탓하고 남을 욕한다.

– 김영식(천호식품 회장), '10미터만 더 뛰어봐'에서

말에는 행동을 유발하는 힘이 있습니다. 할 수 있다고 말하면 할 수 있게 되고, 할 수 없다고 말하면 할 수 없게 되는 것, 그것이 말의 힘입니다.

말이 운명을 바꾼다

습관적으로 사용하는 말, 즉 삶의 감정을 묘사하기 위해 빈번히 사용하는 말들을 단순히 바꾸는 것만으로도 생각하는 방식, 느끼는 방식, 심지어는 살아가는 방식을 변화시킬 수 있다. 자신의 삶을 바꾸고 더 나아가 운명을 개척하고자 한다면 신중하게 말을 선택하고, 사용할 수 있는 어휘의 폭을 넓히려고 끊임없이 노력해야 한다.

– 앤서니 로빈스

촌철활인 | 한 치의 혀로 사람을 살린다

인간 뇌세포의 98%가 말의 지배를 받는다고 합니다. 말에는 행동을 유발하는 힘이 있습니다. 말을 하면 그 말이 뇌에 박히고, 뇌는 척수를 지배하며, 척수는 행동을 지배합니다. 할 수 있다고 말하면 할 수 있게 되고, 할 수 없다고 말하면 할 수 없게 되는 것입니다. 말의 효과를 제대로 보기 위해서는 반드시 입 밖으로 발음해야 한다고 합니다.

뇌는 현실과 언어를 구분하지 못한다

뇌는 현실과 언어를 구별하는 능력이 없기 때문에, 입으로 '짜증 나'를 반복하면 그 소리가 귀를 통해 뇌로 전달되고, 뇌는 '짜증이 나 있는 것인데 왜 멀쩡한 척하느냐'면서 온몸에 불쾌한 스트레스 호르몬을 쫙 뿌린다. 말버릇은 그야말로 버릇으로 출발하지만 버릇이 거듭되면 마음과 몸에 굳어버린다.

– 우종민(교수), '뒤집는 힘'에서

촌철활인 | 한 치의 혀로 사람을 살린다

흥미롭게도 뇌는 말과 현실을 구분하지 못한다고 합니다. 말은 밖으로 나왔다가 '뇌의 지령'에 따라 다시 자신에게로 돌아갑니다. 늘 '짜증 난다'고 하는 사람 주변에는 짜증 날 일이 계속 생깁니다. 반면 긍정적이고 좋은 말만 계속하면 실제로 좋은 일만 생기게 됩니다. 말버릇이 자신의 가치를 결정하는 것입니다. 훈련을 거듭하면 좋은 말 습관을 만들 수 있습니다.

반복되는 말이 결국 결실을 맺는다

우울증에 걸린 사람들은 "내가 잘못했어."라는 것과 같은 부정적인 언어습관을 갖고 있는 것으로 밝혀졌다. 인생에서 능력이나 재능보다 더 중요한 변수가 플러스 언어습관이다. 한 사람의 말이 그 사람이 성공하는 데 결정적인 역할을 한다.

– 마틴 셀리그만

촌철활인 | 한 치의 혀로 사람을 살린다

한 사람의 인생은 그가 자주 사용하는 말대로 이루어집니다. 콜린 파월은 낙천주의 성향이 강한 다음과 같은 금언들을 책상 유리 밑에 적어두었습니다. '내가 생각하는 것처럼 나쁘진 않다' '내일 아침이면 더 좋아질 것이다' '나는 해낼 수 있다' '두려움을 주거나 부정적인 말을 하는 사람들의 충고를 듣지 마라'

'할 수 있다'고 말하다 보면
어느새 현실이 된다

내가 부자가 된 비결은 다음과 같다. 나는 매일 스스로에게 두 가지 말을 반복한다. 그 하나는 '왠지 오늘은 나에게 큰 행운이 생길 것 같다'이고, 또 다른 하나는 '나는 무엇이든 할 수 있다'라는 것이다.

– 빌게이츠, 부자가 된 비결을 묻는 기자의 질문에 대한 답

촌철활인 | 한 치의 혀로 사람을 살린다

　자신감이 성공의 디딤돌이 됩니다. 매일 매일 자신감을 북돋워주는 말을 되풀이 할 때 새로운 도전을 보다 수월하게 할 수 있게 열정 또한 높아지게 됩니다. 자신감이 결국 큰 성취를 만듭니다.

말하는 대로 이루어진다

HSBC에서는 상당한 손실이 예상되는 고객의 불만 제기를 'Opportunity(기회)'라 지칭한다. 오히려 개선할 수 있는 절호의 기회로 삼을 수 있다는 의미다. 누가 보아도 불가능해 보이는 프로젝트는 'Challenge(도전)'라 해서 도전하고 극복해야 할 대상으로 만든다. 이렇게 표현하고 의견을 나누다 보면 이상하게도 모두가 한번 해보자는 긍정적 분위기가 형성된다.

– 장정빈, '사장처럼'에서

촌철활인 | 한 치의 혀로 사람을 살린다

듀폰에서 직원들의 실수에 대해 기회opportunity라는 단어를 쓴다는 말이 생각납니다. 우리의 뇌는 현실과 언어를 잘 구분하지 못합니다. 뇌는 언어에 맞게 움직입니다. 늘상 '기분 좋아'를 외치면 만사형통(?)이 되고, 반대로 '짜증 나'를 외치면 스트레스가 쌓이고 결과적으로 건강을 해치게 됩니다.

말에 행복의 기운을 담다

누에가 자기 입에서 실을 뽑아서 고치를 짓는 것처럼 사람은 일상에서 내뱉는 말로 자기 인생의 집을 지어가는 존재다. 부정적인 언어가 입에 밴 사람은 고통과 괴로움의 인생집을 짓게 되고, 긍정과 평화의 언어가 흘러 나오는 사람은 행복과 번영의 인생집을 짓게 된다.

– 조신영, '고단한 삶을 자유롭게 하는 쿠션'에서

촌철활인 | 한 치의 혀로 사람을 살린다

부정의 말은 부정을 낳고, 긍정의 말은 긍정을 낳습니다. 신의 책상에 이렇게 쓰여 있다고 합니다. "네가 만일 불행하다고 말하고 다닌다면 불행이 정말 어떤 것인지 보여주겠다. 또한 네가 만일 행복하다고 말하고 다닌다면 행복이 정말 어떤 것인지 보여주겠다."(최규상, '긍정력 사전'에서)

나쁜 일이 있을 때
'고맙다'라고 외쳐라

나쁜 일이 있을 땐 '고맙다'라고 외쳐라. 나쁜 일이 일어나면 나쁜 생각을 하게 된다. 그럼 또 나쁜 일이 생긴다. 하지만 거기서 '고맙다'라고 말하면 불행의 사슬은 끊긴다. 반대로 좋은 일이 일어난다. 재난이 굴러 복이 된다. '아리가토'는 마법의 말이다. 일본어에서 '아리가토'를 한자로 '有リ難う(어려움이 있다)'로 쓰는 게 우연이 아니다.

– 사토 도미오, '행운을 부르는 마법의 말'에서

촌철활인 | 한 치의 혀로 사람을 살린다

물론 막연한 낙관은 무조건적 비관보다 더 위험할 수도 있습니다. 그러나 어려울수록 이성적으로는 어려움을 합리적으로 판단하되, 의지적으로는 낙관과 긍정을 생활화할 필요가 있습니다. 건강한 낙관과 긍정적 사고는 때로 마술처럼 좋은 결과를 부릅니다.

꿈을 이루는 언어습관

언어는 행복의 문을 여는 중요한 열쇠다. 두뇌는 자신이 말한 언어를 의식 속에 넣어 자신의 인생에 반영시키는 시스템으로 이루어져 있다. 따라서 행복한 인생을 실현하기 위해서는 긍정적인 언어를 좀더 의식적으로 선택해서 사용하는 습관이 중요하다.

– 사토 도미오, '당신의 꿈을 이루어 주는 미래일기'에서

촌철활인 | 한 치의 혀로 사람을 살린다

'백만 불짜리 습관'이라는 책에는 "아마도 성공을 위해 사용할 수 있는, 가장 강력한 주문은 '나는 나를 사랑해!'라는 말"이라고 쓰여 있습니다. 많은 심리학자들은 우리 감정의 95%는 그 순간 마음을 스쳐 가는 말에 의해 좌우된다고 말합니다. 긍정을 심으면 긍정이 나오고 부정을 심으면 부정이 나옵니다.

'할 수 없다'라는 말을 피하라

'할 수 없다'라는 말은 글로 쓰건 말로 하건 세상에서 가장 나쁜 말이다. 그 말은 욕설이나 거짓말 보다 더 많은 해를 끼친다. 그 말로 강인한 영혼이 수없이 파괴되고 그 말로 수많은 목표가 죽어간다. 그 말이 당신의 머릿속을 점령하지 않도록 하라. 그러면 당신은 언젠가 당신이 원하는 것을 얻을 것이다.

– 에드가 게스트, '결실과 장미'에서

촌철활인 | 한 치의 혀로 사람을 살린다

성공과 실패는 마음먹기에 달려 있습니다. 중요한 것은 부정적인 말투를 긍정적인 말투로 바꾸지 않고서는 부정적인 사고방식에서 긍정적인 사고방식으로 변하기 어렵다는 것입니다. 변화고 싶다면, 긍정적이 되고 싶다면, 성공하고 싶다면 먼저 '할 수 있다'는 긍정의 말을 입에 담고 살아야 합니다.

할 수 없어도 할 수 있다고 말하자

할 수 없어도 할 수 있다고 말하자. 지금 할 수 있다고 말하지 않으면 영원히 기회는 없다. 우선 '할 수 있다'라고 말하자.

– 나카타니 아키히로(일본 작가)

촌철활인 | 한 치의 혀로 사람을 살린다

'할 수 없다'라고 말하는 순간 안 되는 이유들이 머릿속을 지배하게 됩니다. 또한 수많은 기회들이 흔적도 없이 사라져 갑니다. 반대로 '할 수 있다'라고 말하는 순간 우리의 뇌는 해답을 찾기 위해 분주하게 움직이기 시작합니다. 주변에 도움을 주는 사람들이 모여들고 행운이 우리를 찾아옵니다. 결국 '할 수 있다'는 말이 성공을 가져옵니다.

불가능하다는 말을
불가능하게 만들어라

불가능한 이유, 못한다는 얘기를 먼저 꺼내지 마라. 일단은 스스로 어떻게 하면 좋을지, 어떻게 하면 가능한지를 생각하고 대안을 제시하라. 할 수 없는 현실보다 중요한 것은 하고자 하는 의지이다. 불가능이란 단어 자체를 잊어버려라. 그것이 바로 성공으로 가는 지름길이다.

— 스즈키 오사무(회장)

펄벅 여사는 "불가능하다고 입증되기 전까지는 모든 것이 가능하다. 그리고 불가능한 것도 현재 불가능한 것일 뿐이다."라고 말했습니다. 나폴레옹이 '내 사전에 불가능은 없다'고 강조한 이유를 미루어 짐작할 수 있습니다.

'괜찮아'라는 말의 힘

내가 걷는 길은 험하고 미끄러웠다. 그래서 나는 자꾸만 미끄러져 길바닥에 넘어지곤 했다. 그러나 나는 곧 기운을 차리고 내 자신에게 말했다. '괜찮아. 길이 약간 미끄럽긴 해도 낭떠러지는 아니야.'

– 에이브러햄 링컨

촌철활인 | 한 치의 혀로 사람을 살린다

승자는 구름 위의 태양을 보고 패자는 구름 속의 비를 봅니다. 승자는 넘어지면 일어서는 쾌감을 알고 패자는 넘어지면 재수를 한탄합니다.(J. F. 케네디) 길을 걷다가 돌을 보면 약자는 그것을 걸림돌이라고 하고, 강자는 그것을 디딤돌이라고 합니다.(토마스 칼라일)

매일 매일 스스로
칭찬할 수 있는 삶, 그것이 성공이다

남에게 높은 평가를 받는 것은 훌륭한 일이다. 그러나 하루의 일과를 끝내고 '오늘은 내가 생각해도 잘했어.'라며 스스로 자신의 일과를 돌아보며 칭찬할 만하다 느끼고 또 그런 만족스럽고 충만한 기분을 지속할 수 있다면 그는 이미 '성공한 사람'이다.

– 마쓰시타 고노스케, '일과 인생에 불가능은 없다'에서

스스로 최선을 다했다고 칭찬하는 날을 많이 만들수록 실제로 성공이 만들어집니다. 누구에게나 이야기해도 부끄럽지 일을 적어도 하루에 한 가지 이상 하십시오. 매일 매일 스스로 칭찬할 수 있는 삶, 그것이 바로 성공입니다.

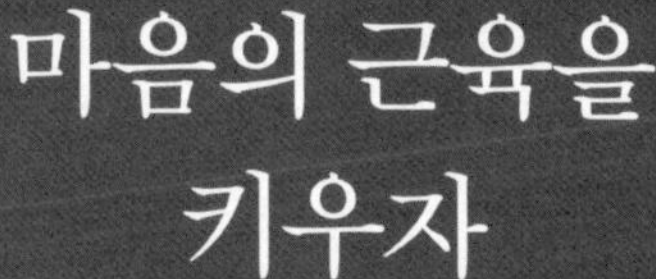

마음의 근육을 키우자

마음에도 근육이 있다

마음에도 근육이 있어. 처음부터 잘하는 것은 어림도 없지. 하지만 날마다 연습하면 어느 순간 너도 모르게 어려운 역경들을 벌떡 들어올리는 널 발견하게 될 거야.

– 공지영, '아주 가벼운 깃털 하나'에서

촌철활인 | 한 치의 혀로 사람을 살린다

육체에만 근육이 있는 것이 아닙니다. 생각과 마음에도 근육이 있습니다. 육체적 건강을 위해 투자하는 만큼 몸짱에 가까워지는 것처럼 생각과 마음에 투자하는 것만큼 상상력, 긍정과 열정의 에너지, 그리고 마음의 근육은 커지게 되어 있습니다.

무한 긍정, 무한한 힘

긍정적인 마음가짐은 영혼을 살찌우는 보약이다. 이러한 마음가짐은 우리에게 부, 성공, 즐거움과 건강을 가져다준다. 반대로 부정적인 마음가짐은 영혼의 질병이며 쓰레기다. 이는 부, 성공, 즐거움과 건강을 밀어내고 심지어 인생의 모든 것을 앗아간다.

– 나폴레온 힐(성공학의 대가)

촌철활인 | 한 치의 혀로 사람을 살린다

즐겁고 긍정적인 마음은 사람을 강하게 만들어 줍니다. 긍정적인 마음을 가진 것만으로도 성공의 반을 가졌다고 할 수 있습니다. 링컨은 일찍이 "행복해지겠다고 결심하면 행복을 얻을 수 있다."라고 말했습니다. 실제로 심리학자들은 "성공의 80%는 태도와 개성으로 결정된다."라고 주장합니다. 다행히 우리는 매일 어떤 태도를 취할지 스스로 결정하고 선택할 수 있습니다.('서른 기본을 탐하라'에서)

생각 하나하나가
뇌구조를 쉬지 않고 바꾼다

아주 사소한 생각조차 영향을 미쳐 뇌 구조를 바꾼다. 생각 하나하나가 뇌 구조를 쉬지 않고 바꾼다. 좋은 생각이든 나쁜 생각이든 뇌에 배선을 만든다. 같은 생각을 여러 번 반복하면 습관으로 굳어 버린다. 성격도 생각하는 방향으로 바뀐다. 그러니 생각을 원하는 방향으로 바꾸고 그 상태를 단단히 유지해 새로운 습관을 들여라. 그러면 뇌구조가 거기에 맞게 변경될 것이다.

— 윌리엄 제임스(하버드대학 심리학 교수)

우리는 경험을 통해서 배웁니다. 육체적 경험은 우리가 통제하기 어려운 경우가 많지만, 정신적 경험인 사고에는 제약이 없으므로 의도적인 노력에 의해 비교적 쉽게 통제할 수 있습니다. 훈련과 연습을 통해 원하는 상태로 뇌를 바꿈으로써 우리가 원하는 삶을 만들어갈 수 있는 것입니다.

생각의 근육은 영원하다

요즘 젊은 사람들은 너도나도 몸짱이 되기 위해 땀 흘려 몸을 가꾸려고 한다. 그러나 몸짱이 전부는 아니다. 책을 읽음으로써 얻어지는 생각의 근육을 키워야 한다. 몸 근육은 일시적이지만 생각의 근육은 영원하다.

— 성신제(성신제 피자 대표)

촌철활인 | 한 치의 혀로 사람을 살린다

몸짱, 얼짱이 되는 것은 자기관리에 그만큼 충실했다는 증거로 볼 수 있습니다. 그러나 육체 건강은 세월을 이기지 못합니다. 반면 생각의 근육은 세월이 갈수록 더욱더 단단해집니다. 미래는 육체적 강인함이 아닌 상상력이 지배하는 세상이 됩니다.

매일 매일 마음의 근육을 키우자

매일 무슨 옷을 입을까 고르는 것과 마찬가지로 무슨 생각을 할까 고르는 법을 배워야 해. 그건 네가 얼마든지 기를 수 있는 힘이야. 네가 정말로 네 인생을 통제하고 싶다면 마음을 훈련시켜. 그거야말로 네가 세상에서 유일하게 통제할 수 있는 거니까.

– 엘리자베스 길버트, '먹고 기도하고 사랑하라'에서

촌철활인 | 한 치의 허로 사람을 살린다

늘 부정적인 생각에 사로잡힌 사람에겐 부정이 현실이 됩니다. 늘 긍정적 생각으로 가득한 사람은 결과도 긍정이 됩니다. 운동을 지속하면 육체의 근육이 커지는 것처럼, 마음 훈련을 지속하면 마음의 근육이 자라게 됩니다. 부처는 "훈련된 마음처럼 잘 복종하는 것도 없다." 가르칩니다.

정신의 힘은
물리적 힘보다 3배 강하다

승리를 가져오는 것은 군사의 수가 아니라 정신력이다. 정신의 힘은 물리적 힘의 3배 효과를 가졌다. 이 세상에는 칼과 정신, 두 가지 힘이 존재하지만 정신은 칼을 정복할 수 있다.

– 나폴레옹

촌철활인 | 한 치의 혀로 사람을 살린다

지금 나에게 부족한 것들은 어쩌면 물리적 조건일 수 있습니다. 정신의 힘은 내가 마음만 먹으면 언제든 만들어 낼 수 있기 때문입니다. 물리적 힘보다 훨씬 강한 정신적 힘을 내가 만들어 내기만 하면 불가능해 보이는 많은 것들을 이뤄낼 수 있을 것입니다.

행복한 일을 생각하면 행복해진다

행복한 일을 생각하면 행복해진다. 비참한 일을 생각하면 비참해진다. 무서운 일을 생각하면 무서워진다. 병을 생각하면 병이 든다. 실패에 대해서 생각하면 반드시 실패한다. 자신을 불쌍히 여기고 헤매면 배척당하고 만다.

— 데일 카네기

촌철활인 | 한 치의 혀로 사람을 살린다

하버드 대학 심리학 교수인 윌리엄 제임스는 "우리 세대의 가장 위대한 발견은 사람은 자기 마음가짐을 고치기만 하면 자신의 인생까지도 고칠 수 있다는 것이다."라는 연구결과를 발표한 적이 있습니다. 지배적인 생각이나 마음가짐은 자석처럼 비슷한 것을 끌어당기는 법이므로, 마음가짐이 어떠하든 그에 어울리는 조건이 삶에 나타날 수밖에 없습니다. (찰스 해낼)

관심을 가진 만큼 보인다

나는 두 가지 중요한 사실을 발견했다. 첫째, 관심을 갖고 있으면 뭔가가 보인다는 것이다. 둘째, '믿음'을 갖고 있으면 보이지 않는다는 것이다. 따라서 창조적 발견을 위해선 관심을 갖는 것이 첫 번째요, 나 자신을 비롯해 대다수 사람들이 갖고 있는 강력한 '믿음'에서 그 허점을 발견하는 것이 두 번째다.

– 고미야 가즈요시, '창조적 발견력'에서

고이마 가즈요시는 자신만의 판단 기준과 관심은 창조적 발견이란 강의 입구를 찾아가는 길라잡이요, 나 자신의 믿음에 대한 의심과 검증은 창조적 발견이란 강의 물살과 흐름을 적절하게 제어하며 앞으로 나아가게 하는 지혜로운 뱃사공과 같다고 말합니다.

외부 환경은 나의 마음이 결정한다

세상을 밝게 보는 사람도 있고 세상을 어둡게 보는 사람도 있다. 각자의 관점에서 보면 둘 다 옳다. 그러나 세상을 보는 관점에 따라 즐거운 삶과 고통에 찬 삶, 성공하는 인생과 실패의 인생이 결정된다. 따라서 행복은 자기 안에서 찾아야 하는 것이다.

– 랄프 트라인

촌철활인 | 한 치의 혀로 사람을 살린다

외부 환경은 누구에게나 똑같이 주어집니다. 그러나 그것을 긍정적으로 보는 사람에게는 긍정적 결과가, 부정적으로 보는 사람에게는 부정적 결과가 나옵니다. 그런 점에서 외부 조건은 주어지는 것이 아니라 내가 결정하는 것입니다. 성공과 행복을 꿈꾼다면 먼저 긍정을 심어야 합니다.

걸림돌은 내 마음속에 있다

사람이면 누구나 넘어야 할 마음의 산을 갖고 있다. 앞이 보이지 않는다는 것은 분명 장애지만 난 이겨냈다. 하지만 마음의 장애를 이기지 못하고 방황하는 사람들이 의외로 많다. 인생의 걸림돌은 외부적인 것이 아니라 당신 마음속에 들어있다. 무엇이 자신의 성공을 가로막고 있는지 가장 잘 알고 있는 사람은 바로 당신이다.

– 에릭 웨이언메이어, 시각 장애를 딛고 에베레스트 등정을 마친 후 인터뷰에서

촌철활인 | 한 치의 혀로 사람을 살린다

웨이언메이어가 시각장애를 딛고 일반인도 오르기 힘든 에베레스트 정상을 밟은 것은 세계 7대 대륙의 최고봉 등정이라는 큰 생각을 가슴에 품었기 때문입니다. 자신에게 주어진 불리한 조건은 별 문제가 되지 않았습니다. 큰 생각을 품은 그는 단지 또 한 명의 산악인으로서 정상을 향해 매진했고 성공을 맛볼 수 있었습니다.

한계를 긋는 순간 패배는 결정된다

"안 돼. 나는 할 수 없어." 많은 사람들이 이같이 부정적인 말을 너무도 쉽게, 습관처럼 내뱉는다. 사람의 마음은 강력한 도구이다. 어떤 일이 자신의 능력 밖의 것이라고 일단 확신하게 되면 그 후에는 스스로 만든 장애물을 넘어서기가 거의 불가능해진다.

— 리처드 칼슨, '우리는 사소한 것에 목숨을 건다'에서

'나는 할 수 없어'라고 스스로 한계를 긋는 것은 일이 잘못되기를 바라는 나쁜 습관이라 할 수 있습니다. 가능성의 영역에 한계라는 선을 긋는 순간 패배는 결정된다는 사실을 명심해야 합니다.

경제에도 춘하추동이 있다

경제에도 춘하추동(春夏秋冬)이 있다. 호황엔 불황을 대비하고 불황엔 호황을 준비하라. 일이 잘되어 나갈 때는 오히려 다가올 불행을 각오하라. 기쁨 뒤에는 반드시 슬픔이 따르게 마련. 오늘의 행복에 도취되지 말고 지난날 불행을 거울 삼으라.

– 이병철(삼성 창업회장)

촌철활인 | 한 치의 혀로 사람을 살린다

일반의 인식과는 달리 호황 끝에는 반드시 불황이, 불황 끝에는 반드시 호황이 반복되는 것을 역사가 증명해주고 있습니다. 잠시 시간을 내어 이렇게 외쳐보면 어떨까요? 어려울수록 희망의 끈을 놓지 말자! 단기적 시각을 버리고 멀리보기 위해 노력하자! 유혹에 빠지지 말고 올바른 길을 가자!

5분 규칙

5분 규칙에 따라 살아야 돼. 화를 풀기 위해서는 뭐든 해도 좋아. 욕을 하든, 불평을 하든 부정적인 생각을 머릿속에서 배출해 버리게. 5분이라는 시간 안에 말이야. 지나간 일에 5분 이상 집착하는 건 아무 도움이 안 돼. 그 대신 내가 통제할 수 있는 것들에 모든 에너지를 집중하게.

– 마이클 엘스버그, '졸업장 없는 부자들'에서

촌철활인 | 한 치의 혀로 사람을 살린다

누구나 때로는 부정적인 생각을 할 수 있습니다. 중요한 것은 얼마나 빨리 이를 털어낼 수 있는가 하는 것입니다. 5분 안에 부정적인 생각을 털어내고 대신 '지금 할 수 있는 게 뭘까?' '이 경험을 통해 무엇을 배울 수 있을까?' '어떻게 하면 앞으로 나아갈 수 있을까?'를 생각한다면 얼마든지 부정적 상황을 긍정으로 바꿀 수 있습니다.

부정적 환경이 성장의 디딤돌이다

내가 정리한 나를 성장시키는 주요 환경 조건은 다음과 같다. 첫째, 다른 사람들이 나보다 앞서있다. 둘째, 내 앞에 끊임없이 난관이 찾아온다. 셋째, 설레는 마음으로 아침에 눈뜬다. 넷째, 실패는 내 적이 아니다. 나는 종종 안전지대를 벗어난다.

— 존 맥스웰, '사람은 무엇으로 성장하는가'에서

촌철활인 | 한 치의 혀로 사람을 살린다

"자기가 항상 1인자 자리를 지킬 수 있는 집단은 우리가 있어야 할 곳이 아니다."라는 대목에 눈길이 갑니다. 자신을 성장시키는 환경조건의 목록을 만들어 놓고, 일정주기로 체크해 합격 여부를 따져본 다음, 부정적 평가가 많을 경우 과감하게 변화를 선택하게 되면 누구나 끝없이 성장하는 삶을 살게 될 거라 믿습니다.

잘나갈 때
숨을 고르는 것이 능력이다

너무 상태가 좋을 때는 오히려 차라리 먼저 브레이크를 걸고, 억누르는 느낌으로 하여 평상시의 감각을 되찾도록 유념하자. 절대 호황기 뒤에는 원래 자리로 돌아가려는 현상이 반드시 찾아온다.

— 사와다 히데오, '운을 잡는 기술'에서

촌철활인 | 한 치의 혀로 사람을 살린다

좋은 때에 분위기를 타면 오히려 위험을 초래할 가능성이 높아집니다. 어딘가에서 뭔가의 형태로 균형이 무너질 수 있고, 너무 좋아 우쭐해져 버림으로써 신중함이나 섬세함이 무뎌지고 변화를 알지 못하게 되어 추락할 수도 있습니다. 잘나갈 때 미리 브레이크를 거는 지혜가 필요합니다.

부질없는 걱정에서 벗어나기

자신이 통제할 수 없는 일에 대해 걱정하는 것은 이치에 맞지 않는다. 왜냐하면 걱정해봐야 소용없는 일이기 때문이다. 스스로 통제할 수 있는 일에 대해 걱정하는 것 또한 이치에 맞지 않는다. 왜냐하면 그 일은 이미 걱정할 필요가 없는 것이기 때문이다.

– 웨인 다이어

촌철활인 | 한 치의 허로 사람을 살린다

걱정은 일어나지 않은 일들에 대해 부정적으로 생각하는 것을 키워갑니다. 위대한 리더 윈스턴 처칠의 걱정에서 벗어나는 노하우도 함께 소개드립니다. "고민을 깔끔하게 정리하는 방법은 종이에 적어보는 것이다. 무수한 걱정거리 가운데 반만이라도 써보면 도움이 된다. 여섯 가지를 적는다면 3분의 1은 사라질 것이다. 나머지 두 가지 정도는 저절로 해결된다. 그리고 나머지는 어떻게 할 수 있는 게 아니다. 그것을 내가 왜 걱정해야 하나?"

하루에 한 번은 반성하라

자기를 반성하는 사람은 부딪치는 일마다 모두 약이 될 것이요. 남을 원망하는 사람은 움직이는 생각이 모두 창칼이 될 것이다.

– 채근담

촌철활인 | 한 치의 혀로 사람을 살린다

일반적으로 남에 의해 평가받는 것을 두려워합니다. 스스로 자신을 냉정하게 평가하는 것도 결코 쉽지는 않은 일입니다. 그러나 더욱더 발전하기 위해서 주기적인 자기 평가가 필요합니다. 적어도 하루에 한 번은 오늘 자신의 행동에 대해 냉정한 평가를 내리고 반성하는 시간을 가져야 되겠습니다.

매사에 긍정을
실천하라

행복은 말대로, 생각대로 이루어진다

소리 내어 행복을 불러들여라. 좋은 하루를 만들기 위해 '나는 행복해! 나는 운이 좋아. 정말 살아볼 만한 세상이야!'를 아침에 눈뜨는 순간부터 되뇌어보라. 그러면 거기에 걸맞은 파동이 생겨 생각과 행동이 바뀌고 습관이 변하고 인격이 달라진다. 건강과 부와 성공이 저절로 따라온다.

– 주선희, '얼굴경영'에서

노먼 빈센트 필은 열정과 긍정, 행복을 갖기 위해서는 '~인 척하기as if'를 시도해보라고 이야기합니다. 굳이 과학자들의 연구결과를 인용하지 않더라도 "행복하기에 웃는 것이 아니라 웃기 때문에 행복해진다."라는 말처럼 행복하다고 생각하고 또 그렇게 말하다 보면 결과적으로 그렇게 되는 것이 자연의 이치라 하겠습니다.

좋은 일을 생각하면
좋은 일이 생긴다

행복한 일을 생각하면 행복해진다. 비참한 일을 생각하면 비참해진다. 무서운 일을 생각하면 무서워진다. 병을 생각하면 병이 든다. 실패에 대해서 생각하면 반드시 실패한다. 자신을 불쌍히 여기고 헤매면 배척당하고 만다.

– 데일 카네기

촌철활인 | 한 치의 혀로 사람을 살린다

지배적인 생각이나 마음가짐은 자석처럼 비슷한 것을 끌어당기는 법이므로 마음가짐이 어떠하든 그에 어울리는 조건이 삶에 나타날 수밖에 없습니다. 자기 마음가짐을 고치기만 하면 자신의 인생까지 고칠 수 있습니다.

항상 긍정을 선택하라

우리는 하루에 대략 5만에서 6만 가지의 많은 생각을 한다. 그런데 문제는 그 생각 중에서 85%는 부정적인 생각이며, 단 15%만이 긍정적인 생각이다. 우리는 하루의 대부분을 부정적인 생각과 싸우면서 살아가고 있다.

– 쉐드 헴스테더(미국 심리학자)

촌철활인 | 한 치의 혀로 사람을 살린다

성취하는 모든 것과 실패하는 모든 것은 자신이 품어온 생각의 직접적 결과입니다. 제임스 앨런의 '위대한 생각의 힘'에서 따온 글 공유합니다. "사람을 성공시키거나 파멸시키는 것은 다름 아닌 그 자신이다. 생각이라는 무기고에서 우울함과 무기력과 불화 같은 무기를 만들어 자신을 파멸시킬 수도 있고, 환희와 활력과 평화가 넘치는 천국 같은 집을 지을 도구를 만들 수도 있다. 올바른 생각을 선택하여 진실로 행함으로써 인간은 신과 같은 완벽한 경지에 오를 수 있다."

궁극의 긍정 마인드

"나는 하루 중 98%는 내가 하는 일에 긍정적이다. 그리고 나머지 2%는 어떻게 하면 매사에 긍정적이 될 수 있을까 궁리한다."

– 릭 피티노(보스턴 셀틱스 감독)

촌철활인 | 한 치의 혀로 사람을 살린다

사람은 기계와 달리 감정에 크게 좌우됩니다. 구성원 모두가 힘들어하고 지쳐 있을 때 일수록 리더의 긍정적 태도, 자신감 있는 행동, 낙관적 사고는 '사막의 오아시스'처럼 구성원에게는 큰 힘이 됩니다.

우선은 긍정적 관점부터, PNI 규칙

BCG에서는 팀내 창조성을 향상시키는 자유로운 분위기 조성을 위해 PNI 규칙을 가르친다. 모든 논의는 반드시 긍정적 (P), 부정적(N), 흥미롭게 (I)의 순서로 실시하라는 의미이다. 그룹의 경우 감정이 중요하다. 먼저 공격적 언사가 나가면 대부분 자신의 의견을 자유롭게 내놓지 못한다. 이 방법만으로도 팀 분위기는 180도 바뀐다.

— 미타치 다카시, 'BCG 전략 인사이트'에서

'좋아', '대단해', '역시' 등은 사기를 올리는 말이고 '틀렸어', '설마', '거짓말' 같은 부정어는 의견을 제시코자 하는 의욕을 감퇴시키는 말입니다. 자유로운 의견 교환 분위기를 조성할 것이냐, 무거운 침묵이 흐르게 할 것이냐는 바로 여러분의 첫 말투에 달려있습니다.

멘탈 블록 버스터
(mental block buster)

멘탈 블록(mental block)이라는 말이 있다. '그런 생각을 해서는 안 돼. 그런 생각을 할 수는 없어.'와 같은 스스로 만든 정신적 장벽을 말한다. 창업가가 되려면 이런 정신적 장벽을 깨는 멘탈 블록 버스터(mental block buster)가 되어야 한다.

– 오마에 겐이치

촌철활인 | 한 치의 혀로 사람을 살린다

"해보기는 했어?"라는 정주영 회장의 준엄한 꾸짖음이 들리는 듯합니다. 나도 모르게 특정 분야에 대해서 불가하다고 미리 선을 긋고 있지는 않은지 정기적으로 돌아볼 필요가 있습니다. "항상 해오던 일을 하면 항상 얻던 것만 얻게 된다."라는 프랜시스 베이컨의 지적도 함께 생각해봅니다.

유스트레스(양성良性 스트레스)를
즐겨라

스트레스는 피할 수 없을 뿐만 아니라 반드시 나쁜 것만은 아니다. 스트레스는 신체를 보호한다. 스트레스를 받은 사람은 주변 환경을 경계하고 위험을 피하기 위해 계획을 세운다. 반면 즐겁고 태평한 사람은 함정 속으로 걸어 들어가고 있음을 알아차리지 못할 것이다.

— 브루스 맥웬(스트레스 연구 권위자, 미국 록펠러 대학교 교수)

스트레스를 받을 때 분비되는 호르몬은 주위 환경에 대한 인식을 강화하고, 시력과 청력을 약간 향상시키며 근육을 조금 더 잘 움직이게 만든다고 합니다. 진화심리학은 스트레스를 더 잘 받는 사람이 생존경쟁에 더 잘 대처해서 우리 인류의 조상이 되었다고 추정합니다. 초기 인류 시대에 불안하고 의심이 많고 삶과 타인에 관해 최악을 가정하는 사람이 자연선택 되었다는 것입니다.

즐겁게 일하는 사람을 당할 수 없다

어느 사무실에 '당할 수가 없다'라는 제목의 액자가 하나 걸려 있는데 그 내용이 이랬다. "수동적으로 일하는 사람은 적극적으로 일하는 사람을 당할 수 없고, 적극적으로 일하는 사람은 웃으며 일하는 사람을 당할 수 없고, 웃으며 일하는 사람은 즐겁게 일하는 사람을 당할 수 없다."

– 문중태, '고객졸도서비스'에서

촌철활인 | 한 치의 혀로 사람을 살린다

'1:1.6:1.62'이라는 공식이 있다 합니다. 일을 할 때 남이 시켜서 일을 하는 경우의 능률이 1이라고 한다면, 자발적으로 하는 경우는 1.6배, 능동적으로 즐기면서 하는 경우의 능률은 1.62 즉, 2.56배의 성과를 낼 수 있다는 것입니다. 결국 두 배의 성과 차이도 마음먹기에 달려있다는 것을 알 수 있습니다.

재미있게 일합시다
(고성과 조직의 4개의 F)

오늘날 높은 성과를 가져다주는 시스템과 조직은 다음의 4개의 F를 갖추고 있다. 조직은 신속하고(Fast), 집중하며(Focused), 유연하고(Flexible) 다정해야(Friendly) 한다. 그리고 무엇보다 고성과 창출을 위해서는 조직은 즐거워야(Fun)한다.

– 로자베스 모스 캔터(하버드 경영대학 교수)

촌철활인 | 한 치의 혀로 사람을 살린다

단조롭고 관료적인 분위기에서는 상상력이 나오지 않습니다. 따라서 리더는 '노는 것 보다 일이 더 재미있는' 그런 문화를 창출하는 사람이어야 합니다. 경영사상가 톰 피터스는 "웃음이 드문 곳에서는 일하지 말라." 말했으며, 사우스웨스트 항공 허브 캘러허 전 회장도 "웃지 않는 리더를 위해 일하지 말라. 일은 재미있어야 한다."고 재미의 중요성을 강조한 바 있습니다.

우선, 행동하라

행동이 감정을 따르는 것 같지만 행동과 감정은 병행한다. 따라서 우리 의지의 보다 직접적인 통제 하에 있는 행동을 조정함으로써 우리는 의지의 직접적인 통제하에 있지 않은 감정을 간접적으로 조정할 수 있다. 만일 유쾌한 상태가 아니더라도 기분을 유쾌하게 만드는 최상의 방법은 유쾌한 마음을 갖고 이미 유쾌해진 것처럼 행동하고 말하는 것이다.

– 윌리엄 제임스

행복해서 웃는 것이 아니라 웃기 때문에 행복해진다고 합니다. 생각이 행동을 바꾸고 행동이 습관을 바꾸고 습관이 운명을 바꾼다는 얘기는 널리 알려져 있습니다. 그러나 경우에 따라서는 행동이 습관과 생각을 바꿀 수도 있습니다. 힘들고 지칠 때 일부러 유쾌하게 크게 웃어보고, 어려울수록 재미있게 일하는 지혜가 필요합니다.

내가 항상 긍정적일 수 있는 이유

나는 새로운 일을 할 때마다 이 일의 좋은 점이 뭔지를 쭉 메모한다. 나는 그것을 '백지와의 대화'라고 부른다. 백지 위에 좋은 점을 나열하다보면 더 좋은 점이 나오고 그것을 반복해서 읽다 보면 그 일을 사랑하게 된다. 사랑하다 보면 당연히 열정이 나오고, 그러다보면 또 다시 긍정적인 행운아 마인드가 나오는 선순환 구조가 계속 되는데, 그런 노력을 하다 보니까 열정과 긍정적 사고가 몸에 배었다고 생각한다.

– 이채욱(GE 헬스케어 아시아 회장)

촌철활인 | 한 치의 혀로 사람을 살린다

성공하는 사람들은 늘 긍정적 사고로 열정을 불사른다는 공통점을 가지고 있습니다. 그들은 아무리 어려운 상황에 닥치더라도 1분 이내에 그 어려움 속에서 긍정적 요소를 찾아낼 수 있도록 고도로 훈련된 사람들이기도 합니다. 진정 강한 자는 좋을 때가 아닌, 역경 속에서 그 빛을 발합니다.

미식축구 선수의 가장 중요한 자질

"아주 짧은 기억력입니다. 방금 받지 못한 패스를 순간적으로 잊을 수 있는 능력이죠. 실수를 잊고 다시 집중할 수 있는 능력은 그의 신체적 조건이나 공을 차는 기술만큼 중요합니다."

– 오토 그레이엄, 미식 축구 선수의 가장 중요한 자질이 무엇이냐는
질문에 대한 클리블랜드 브라운스의 유명한 쿼터백의 답

촌철활인 | 한 치의 혀로 사람을 살린다

모든 일 중에서 좋지 않은 일일수록 빨리 잊는 것이 중요합니다. 과거의 실패가 긍정적인 역할을 하게 하려면 한 가지 방법밖에 없습니다. 실패의 원인을 냉정하게 분석하고 그 속에서 교훈을 얻은 다음, 과거의 실패를 빨리 잊는 것입니다. 불행의 씨앗 중 하나는 되살리기에 있습니다. 지나간 것을 마음에서 재생할 때 이 순간 얻을 수 있는 많은 기회를 놓치게 됩니다.

생각은 밝게, 계획은 꼼꼼하게

"낙관적으로 구상하고, 비판적으로 계획하고, 다시 낙관적으로 실행한다." 이것이 새로운 테마에 도전해가는 최고의 방법이자, 교세라가 지금까지 이어온 신제품 개발 시스템이다.

– 이나모리 가즈오, '왜 일하는가'에서

촌철활인 | 한 치의 혀로 사람을 살린다

최초 시작단계, 즉 아이디어 도출 단계에서 비관론자에게 일을 맡기면 '그건 현실적으로 불가능 해.' 같은 비관론을 쏟아내며 지레 포기해버리는 경우가 많습니다. 반대로 일이 구체적으로 계획 단계에 들어가면 지나친 낙관론자는 진중하고 심사숙고 하지 못해 리스크에 제대로 대응하지 못하는 경우가 많습니다. 그런 점에서 '낙관-비관-낙관' 사이클은 시사하는 바가 큽니다.

Never Up, Never In

나는 요즘 네버 업(never up), 네버 인(never in)을 직원들에게 강조한다. 이는 골프에서 퍼트를 할 때 홀컵을 지나칠 정도로 과감하게 치지 않으면 공은 절대로 홀컵에 들어가지 않는다는 의미이다. 회사 경영도 다르지 않다. 리스크를 무릅쓰고 도전해도 실패할 수 있지만 시도하지 않는다면 성공할 가능성은 아예 없다.

– 김신배(SK텔레콤 전 사장)

네버 업never up, 네버 인never in은 골퍼 중 90%가 짧게 퍼팅하는 경향에서 비롯된 골프 명언이라고 합니다. 실패가 두려워 과감히 도전하지 못하는 사람이 많습니다. 그러나 도전이 없으면 성공은 없다는 것은 너무나 자명한 이치입니다. 세상은 실패하지 않기 위해 살아가는 것이 아니라 성공하기 위해 살아가는 것입니다.

헌신하면 하늘도 움직인다

인간이 자신을 완전히 헌신했을 때 하늘도 움직인다. 과거에는 있을 수 없었던 일들이 생겨나 그 사람을 돕는다. 모든 일은 결심에서 시작되며, 이전에 그가 믿지 않았던 사건들이나 만남, 그리고 모든 물질적 수단들이 그에게 이익이 되고 일이 잘되도록 도와준다.

— W. H 머레이(히말라야 탐험가)

촌철활인 | 한 치의 혀로 사람을 살린다

"구하라, 그러면 찾을 것이요 두드려라, 그러면 열릴 것이다." 라는 예수 말씀은 만고불변의 진리입니다. 만약 열심히 했는데도 안 되면 포기하는 대신 올림픽 유도 금메달리스트 김재범 선수의 말을 상기해보세요. "4년 전엔 죽기 살기로 했다. 이번에는 죽자는 심정으로 뛰었다."

천재 모차르트, 그 위대함의 비밀

사람들은 내가 쉽게 작곡한다고 생각하지만 그건 아니라네. 단언컨대 친구여, 나만큼 작곡에 많은 시간과 생각을 바치는 사람은 없을 걸세. 유명한 작곡가의 음악 치고 내가 수십 번에 걸쳐 꼼꼼하게 연구하지 않은 작품은 하나도 없으니 말이야.

– 모차르트가 친구에게 보낸 편지(이숙영 저, '엄마, 행복해'에서)

촌철활인 | 한 치의 혀로 사람을 살린다

흔히들 천재는 타고난다고 합니다. 그러나 모차르트는 타고난 재능만으로 위대한 작곡가가 된 것은 아닙니다. 스물여덟 살 때 그의 손은 기형이 되었습니다. 너무 오랜 시간 연습하고, 작곡을 위해 늘 펜을 쥐고 있었기 때문이라 합니다. '매일 반복하는 규칙적인 작업'이 쌓여 위대함이 만들어집니다.

미련한 사람이 결국 성공한다

장애물을 만나면 이렇게 생각하라. "내가 너무 일찍 포기하는 것이 아닌가?" 실패한 사람들이 '현명하게' 포기할 때, 성공한 사람들은 '미련하게' 참는다 .

– 마크 피셔, '스피릿–부자를 만드는 영혼의 힘'에서

촌철활인 | 한 치의 혀로 사람을 살린다

"힘겨운 상황에 처하고 모든 게 장애로 느껴질 때, 단 1분조차도 더는 견딜 수 없다고 느껴질 때, 그때야말로 결코 포기하지 마십시오. 바로 그런 시점과 위치에서 상황은 바뀌기 시작합니다."(해리엇 비처 스토우) 동트기 직전이 가장 어두운 법입니다.

난관에 대처하는 우리의 자세

성공하는 사람과 그렇지 못한 사람의 차이는 난관에 부딪쳤을 때 어떻게 대처하느냐에 있다. '안 해'나 '못 해'가 아니라 '할 수 있다'는 생각이 전혀 다른 결과를 가져온다. 세상에서 가장 큰 단점을 가진 사람은 약점을 가진 사람이 아니라 부정적인 생각을 가진 사람이다.

– 윤석금(웅진그룹 회장)

촌철활인 | 한 치의 혀로 사람을 살린다

긍정과 부정은 떼어놓을 수 없는 쌍둥이 형제입니다. 무엇을 선택할지는 우리의 몫입니다. 고졸 학력과 신체장애를 극복하고 미용업계의 전설이 된 박승철 헤어스튜디오의 박승철 원장은 이렇게 말합니다. "똑같은 어려움 속에서 한 사람은 괴로워하고, 다른 사람은 즐거워한다면 이미 승패가 결정된 것입니다. 저는 매순간 즐겁게 살려고 노력합니다."

불평만 가득한 삶에 발전은 없다

불평주의자를 위해 일하려는 사람은 없다. 연구 결과 사람들은 부정적인 상사보다는 낙관적이고 열정적인 리더를 따르는 것으로 나타났다. 리더가 행복할 때 주변 사람들은 모든 일을 좀 더 긍정적으로 생각하기 때문에 목표를 성취할 수 있다고 믿는다. 또한 리더가 긍정적일 때 조직 전체의 창의력과 의사결정의 효율성이 증가하고 남을 돕기 위해 노력한다.

– 다니엘 골만

촌철활인 | 한 치의 혀로 사람을 살린다

"비관주의자들은 천체의 비밀을 발견해낸 적도 없고, 해도海圖에 없는 땅을 향해 항해한 적도 없으며, 영혼을 위한 새로운 천국을 열어준 적이 단 한 번도 없습니다."(헬렌 켈러) 불평불만에 가득 찬 비관주의자는 스스로 아무것도 만들어내지 못하며, 주변 사람들도 하나둘 떠나가게 됩니다.

나는 비관을 보지 않는다

긍정적으로 사고하라. 나쁜 소식을 사탕발림 하면 안 되지만 리더는 항상 낙관적이어야 한다. 리더는 일이 잘 풀리리라고 기대하는 본능적 감각을 지녀야 한다. 나는 비관적인 면은 보지 않는다. 성공하려면 이기고자 하는 자세를 잃지 말아야 한다.

– 하워드 슐츠(스타벅스 회장)

촌철활인 | 한 치의 혀로 사람을 살린다

경영자 생활을 해오면서 늘 균형 잡힌 사고를 유지코자 노력합니다. 긍정적 사고와 자신감을 갖는 동시에 오만함이나 자기만족을 경계하는 것 역시 균형을 요구하는 일입니다. 무엇보다도 긍정적 사고와 열정은 조직 전체에 전염되기에 리더에게는 필수요소라는 것을 잊어서는 안 되겠습니다.

나쁜 소식을 먼저 말하게 하라

사람들은 나쁜 소식을 전하기를 두려워한다. 하지만 나쁜 소식은 때때로 사업의 성과를 개선하는 데 가장 중요한 정보를 제공한다. 나는 언제나 좋은 소식과 나쁜 소식을 동시에 요구하고 나쁜 소식을 먼저 알려달라고 요청한다. 그리고 그것을 통해 난제를 파악하고 개선해야 할 사항을 토의하는 것을 규칙으로 삼았다.

– 제프 레익스(MS 부사장)

촌철활인 | 한 치의 혀로 사람을 살린다

강한 기업을 만들기 위해서는 bad news first 문화가 필요합니다. 성과가 나쁜 기업에선 good news만 전달되고, bad news는 전달되지 않는 경우가 많습니다. 경영진이 나쁜 정보를 알려 온 직원에게 "큰 문제를 빨리 발견해 주어서 감사하다."라고 진심으로 말할 수 있는 문화가 없으면 직원들은 최고경영자가 기분 좋게 생각하는 정보만을 전달하게 됩니다.

일류는 역경이 닥칠 때 비로소 웃는다

어려움이 닥치면 삼류 인생은 울어버린다. 이류 인생은 입술을 깨문다. 그러나 일류 인생은 웃는다. 새로운 도전이 성공의 기회가 되리라는 것을 알기 때문이다. 사람을 강하게 만드는 것은 사람이 하는 일이 아니라 하고자 하는 노력이다. 의지는 고난보다 강하다.

– 용혜원, '성공노트'에서

촌철활인 | 한 치의 혀로 사람을 살린다

어려운 상황은 사람을 분발하게 하지만, 안락한 환경에만 있다 보면 쉽게 죽음에 이르게 된다는 뜻의 '생우우환, 사우안락 生于憂患, 死于安樂' 이라는 말이 있습니다. 성공을 위해 우리는 조용한 항구를 떠나 파도가 넘실거리는 바다로 향해가야 합니다. "풍파는 언제나 전진하는 자의 벗이다. 풍파 없는 항해는 얼마나 단조로운가. 고난이 심할수록 나의 가슴은 고동친다." 니체의 글을 함께 새겨봅니다.

난국은 당신의 벗이다

우리가 배운 교훈 중 하나는 난국은 당신의 벗이라는 점이다. 폭풍이 오기 전에 단련되고 준비되어 있다면, 당신은 폭풍의 시기를 고마워해야 한다. 우리의 체질은 뜨겁게 활활 타오르는 가혹한 시련 속에서 단련된다.

– 짐 콜린스

촌철활인 | 한 치의 혀로 사람을 살린다

짐 콜린스는 "위기를 극복하고 승리할 것이라는 믿음을 갖되, 냉혹한 현실을 무시하는 극단적 낙천주의자가 되어서는 안 된다." 주장합니다. 위대한 경영자는 이 위기를 '결정적인 순간', 즉 스스로를 훨씬 더 강한 기업으로 만드는 중요한 촉매제로 변화시키겠다고 말할 수 있어야 합니다.

안락과 풍요를 경계하라

자산을 소유하게 되면 일하는 과정에서 교만함으로 연결된다. 자산이 없음으로 인해 긴장감을 가지고 열심히 일할 수 있다. 오히려 돈이 없는 것이 행운이다.

– 세븐 일레븐(스즈키 회장)

촌철활인 | 한 치의 혀로 사람을 살린다

사람뿐만 아니라 꿀벌같은 동물세계에서도 안락함이 게으름과 도태를 불러옵니다. 기업, 국가, 민족 같은 생명체도 마찬가지입니다. 인간은 위대합니다. 인간의 무한대에 가까운 힘은 정신세계(의지)에서 비롯되는데 그것은 풍요로울 때가 아닌 한계에 다다랐을 때 극대화됩니다. 그런 점에서 결핍과 위기는 오히려 축복이라 할 수 있습니다.

인간의 뇌는 문제를 느끼지 않으면…

인간의 뇌는 문제를 느끼지 않으면 지혜를 짜내지 않는다. 문제가 생기면 '왜'를 다섯 번만 반복해 보라. 해답이 나온다.

– 오노 다이이치(Toyota Productivity System 창시자)

촌철활인 | 한 치의 혀로 사람을 살린다

어려움에 처해 있을 때 오히려 현상을 돌파할 수 있는 극적인 아이디어와 전략이 나옵니다. 역경과 고난을 '하늘이 내린 기회'로 만들 수 있는 사람이 진짜 영웅입니다.

고난을 벗으로 삼다

누구든 간구하는 자는 열심히 헌신할지라. 영광은 오늘에 있나니, 지난 날 영광은 잊어버려라. 고난을 사랑하기에 어려움이 밀려올수록 난 의기양양하리라. 고난은 나의 친구이기에 기꺼이 맞아들이리라.

– 세이크 모하메드(두바이 왕)의 시 'Challenge'에서

촌철활인 | 한 치의 혀로 사람을 살린다

사막을 지상낙원으로 바꾸는 리더십을 보여주고 있는 모하메드 두바이 왕은 "미래를 바꾸려고 노력하지 않는 사람은 과거의 노예로 살게 된다."라고 말합니다. 환경을 탓하기 시작한 순간 개인과 조직은 스스로 패배자라는 낙인을 찍게 됩니다. 고난과 역경은 사람을 풍요로 이끌고 반면에 풍요와 안정은 사람을 가난으로 이끄는 것은 역사가 보여주는 냉엄한 사실입니다.

역경지수(AQ)가 높은 사람들의 특징

높은 역경지수를 가진 사람들의 특징은 무엇인가? 첫째, 그들은 역경이나 실패 때문에 다른 사람을 비난하지 않는다. 둘째, 그들은 자신을 비난하지 않는다. 그들은 실패가 초라한 자신 때문에 생겼다고 생각하지 않는다. 그들은 자신이 직면한 문제가 규모나 지속력에 있어서 제한되어 있다는 사실과 얼마든지 헤쳐 나갈 수 있다고 믿는다.

– 폴 G. 스톨츠

촌철활인 | 한 치의 혀로 사람을 살린다

경영과 사업을 함에 있어서 호황도 있고 불황도 있습니다. 깊은 침체의 골을 잘 이겨내는 기업은 호황기에 그 빛을 발합니다. 어떻게 보면 역경은 하늘이 내린 기회라고 할 수 있습니다. 따라서 기업이나 경영자, 그리고 종업원 모두 역경지수AQ: Adversity Quotient를 높게 키우는 것이 필요합니다. 개인적 삶도 마찬가지입니다.

현실을 직시하라

나는 갈채 받는 꿈같은 건 필요 없었다. 사실이 꿈보다 더 좋다. 대중 리더십에서 곧 쓰러져 없어질, 거짓 희망을 제시하는 것보다 더 나쁜 실수는 없다.

– 윈스턴 처칠, 운명의 순간 : The Hinge of fate

촌철활인 | 한 치의 혀로 사람을 살린다

짐 콜린스는 'Good to Great'에서 "냉혹한 현실을 직시하라. 낙관주의자가 살아남지 못했다. 사람들의 동기를 단번에 꺾기 위해 당신이 취할 수 있는 가장 좋은 행동 중 하나는 일이 진행되면서 곧 쓸려 내려갈 거짓 희망을 제시하는 것이다."라고 말합니다. 꿈도 좋지만 현실과의 균형감각을 맞추고 때로는 냉철히 사물과 현상을 분석하는 힘을 키워야 합니다.

우리 삶에서 최대의 비극

인생의 진정한 비극은 우리가 충분한 강점을 갖고 있지 않다는 데 있지 않고, 오히려 갖고 있는 강점을 충분히 활용하지 못하는 데 있다.

– 벤자민 프랭클린

촌철활인 | 한 치의 혀로 사람을 살린다

이 세상 어디에도 한두 개의 강점이 없는 개인이나 조직은 없습니다. 그러나 대다수가 그것을 제대로 인식하지 못하거나 활용하지 못하고 있습니다. 오히려 약점을 보완하느라 중요한 자원을 허비하는 경우가 많은 것이 사실입니다. 피터 드러커의 예리한 지적처럼 성과는 약점보완이 아닌 강점 활용에서 나오기에, 약점보완이 아닌 강점강화에서 해답을 찾아야 합니다.

문제가 아니라 해법에 초점을 맞춰라

나는 문제가 아니라 해법에 초점을 맞추어야 한다는 진리를 깨달았다. 이것은 내가 리더십을 발휘하는 데 매우 중요한 원칙이 되었다. 누구든지 언제 어디서나 문제를 발견할 수 있다. 그렇지만 나는 초점을 해법에 100% 맞추려고 한다. 문제는 부정적이지만 해법은 긍정적이다. 회사가 성장하기 위해서는 문제가 아닌 해법이 필요하다. 그러므로 나는 해법 지향적인 사람을 원한다.

– 찰스 L. 파이퍼(프린스 스포츠 그룹 CEO)

촌철활인 | 한 치의 혀로 사람을 살린다

비평가가 세상을 바꾸지는 못합니다. 세상을 바꾸는 사람들은 파괴와 함께 창조를 하는 사람들입니다. 회사에서 인정받는 사람이 되고 싶으면 반드시 문제의식과 더불어 해법을 함께 제시할 줄 알아야 합니다.

약점을 걱정할 바에는
강점에 집중하라

나만이 잘하는 것이 분명히 있는데도 사람들은 내가 못하는 것만 지적했고 거기에 집중하다 보니 내 장점을 잃어버렸다. 재활하는 동안 나의 우승 장면이 담긴 영상들을 다시 보면서 내가 잘하는 것들에 집중한 것이 메이저 대회 포함 2주 연속 우승의 비결이다.

– 신지애

촌철활인 | 한 치의 혀로 사람을 살린다

게임에서의 승부는 강점에 의해 갈립니다. 위대한 사람들은 약점 보완이 아닌, 강점 때문에 위대해진 것입니다. 그런데도 대부분의 사람들은 약점보완에 너무 많은 시간과 노력을 기울입니다. 나의 강점을 찾고, 강점을 사랑하고, 강점에 집중하는 것이 행복과 성공을 함께 불러오는 비결입니다.

리더는 자신이 원하는 환경을 만든다

사람들은 항상 자신의 현 위치를 자신의 환경 탓으로 돌린다. 나는 환경이라는 것을 믿지 않는다. 이 세상에서 성공한 사람들은 스스로 일어서서 자신이 원하는 환경을 찾은 사람들이다. 만약 그런 환경을 찾을 수 없다면, 그런 환경을 만든다.

– 조지 버나드 쇼, 그의 소설에 나오는 구절

촌철활인 | 한 치의 혀로 사람을 살린다

　짐 콜린스는 최근 "교회, 학교등 비영리단체 대표들을 연구한 결과 이들에게 가장 필요한 리더십은 정치인들이 법률을 제정하도록 유도함으로써 유리한 경영환경을 만들어내는 입법적 legislative 리더십이었는데 이는 일반 기업 CEO에게도 반드시 필요한 자질"이라고 발표했습니다. '해보긴 했어!' '안되면 되게 하라!'로 상징되는 우리 고유의 환경창조형, 캔두이즘 경영이 세계적으로 인정받았다고 할 수 있습니다.

직원일 때 주인이 되고
사장일 때 머슴 되기

임원이 되기 전까지는 항상 회사의 주인이라고 생각했다. 한 번도 직원이라고 생각하지 않았다. 이것이 주인의식이다. 경영자가 된 지금은 오히려 스스로를 직원들을 섬기는 머슴이라고 생각한다. 직원을 돕는 역할을 하는 것이 즐겁다. 이것이 머슴정신이다. CEO가 머슴이 되면 직원들이 주인이 될 수 있다.

– 권희석(하나투어 사장)

촌철활인 | 한 치의 혀로 사람을 살린다

직원이 CEO 마인드로 일하게 되면, 직장생활과 일이 재미있어집니다. 자연스럽게 성과도 높아집니다. 더 많이 배우게 되고 더 빨리 성장하게 됩니다. 사장이 머슴 정신으로 일하면 늘 겸손하게 되어 조직을 위기상황에 처하지 않게 합니다. 직원들의 마음을 얻어 바람직한 영향력이 커지고 오히려 리더십이 더 잘 발휘됩니다.

반대를 인정하자

행복 뒤에는 슬픔이 있고, 슬픔 뒤에는 행복이 있다. 햇빛이 비치는 곳이면 어디든 그늘이 있고, 빛이 있는 곳이면 어두움이 있게 마련이다. 태어남이 있는 곳에 죽음이 있다. 이들을 이겨내는 길은 이들을 없애버리는 데 있는 것이 아니라, 이들을 뛰어넘고 집착으로부터 완전히 자유로워지는 데 있다.

— 마하트마 간디

촌철활인 | 한 치의 혀로 사람을 살린다

음이 있으면 양이 있습니다. 음과 양 한쪽만 바라보지 않고 양쪽을 다 바라보는 삶, 나와 다른 것도 인정하는 삶이 풍요로운 삶입니다.

변화 속에서 살아남는 종

결국 살아남는 종은 강인한 종도 아니고, 지적 능력이 뛰어난 종도 아니다. 변화에 가장 잘 대응하는 종이 종국에는 살아남는 것이다.

― 찰스 다윈

촌철활인 | 한 치의 혀로 사람을 살린다

21세기 경영환경을 한마디로 얘기한다면 '급속히 변화하는 글로벌 무한경쟁'이라는 말로 표현이 가능합니다. 이런 환경 속에서 생존하기 위해서는 변화하는 환경을 쫓아가는 것이 아니라, 외부 환경보다 더 빨리 변화해야 합니다.

인간의 위대한 능력, 학습과 도전

인간에게는 새로운 것과 도전이 될 만한 것을 추구하고, 자신의 능력을 확장하고 수행하며, 탐구하고 배우려는 타고난 성향이 있다.

– 다니엘 핑크

촌철활인 | 한 치의 혀로 사람을 살린다

믿는 대로 이루어집니다. 위 내용대로 학습하고 도전하는 삶을 살아보세요. 실제 학습과 도전을 즐기는 본성을 발견하게 될 것입니다. 그 결과 행복한 성공의 길로 들어선 자신의 모습을 보게 될 것입니다.

조 영 탁 의 행 복 한 경 영 이 야 기
긍정 편

역경 뒤집기

역발상, 긍정 어퍼컷을 날리자

역경은 신이 내린 선물이다

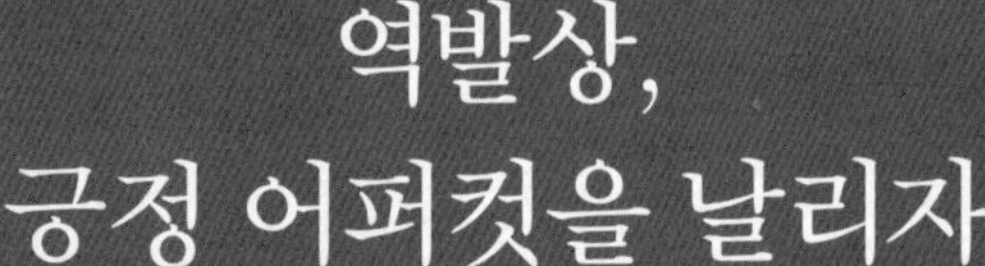

역발상,
궁정 어퍼컷을 날리자

문제가 없으면 더 이상의 발전도 없다

모든 문제는 그 안에 자체적인 해결의 씨앗을 지니고 있다. 그러므로 문제가 없으면 그 씨앗도 얻지 못한다. 문제는 유익한 것이고 문제가 없는 사람들은 무덤에 묻힌 자들뿐이다.

– 노먼 빈센트 필(박사), '적극적 사고방식(The Power of Positive Thinking)'에서

촌철활인 | 한 치의 혀로 사람을 살린다

대다수의 사람들은 문제를 문제로 보고 회피합니다. 소수는 문제를 기회와 은혜로 보고 환영합니다. 대다수의 사람들은 이러이러한 문제 때문에 어렵다고 말합니다. 몇몇 사람들은 이런 문제가 있어 재미있고 더 도전해보고 싶다고 말합니다. 대부분은 문제 때문에 좌절하지만, 극소수는 그 문제를 활용해 자신을 단련시키고 남과 다른 차별적 우위를 만들어갑니다. 그 소수의 사람들이 승리자입니다.

장애물과 도전이
우리를 성공으로 이끈다

장애물과 도전을 극복하지 못한다면 성공은 멀어집니다. 반대로 장애물과 도전이 우리를 성공으로 이끕니다. 다시 한번 반복해서 말씀드리고 싶습니다. 우리는 장애물과 도전 때문에 성공하게 됩니다.

– 리처드 폴 에반스

촌철활인 | 한 치의 혀로 사람을 살린다

장애물을 만나면 이렇게 생각하세요. '내가 너무 일찍 포기하는 것이 아닌가?' 실패한 사람들이 현명하게 포기할 때 성공한 사람들은 미련하게 참습니다. 마크 피셔의 조언입니다. 인간은 장애물을 만날 때, 그리고 도전할 때마다 강해집니다.

위대한 사람은
신의 역경으로 단련된다

단언컨대 위대한 사람은 때로는 역경을 반긴다. 신은 자신이 인정하고 사랑하는 자들에게 역경을 주어 단련시키고 시험하고 훈련시킨다. 불운을 당해보지 않은 사람만큼 불행한 사람은 없다. 불은 금을 단련하고, 불행은 용감한 자들을 단련시킨다.

– 세네카(로마 철학자)

촌철활인 | 한 치의 혀로 사람을 살린다

2000년 전 서양철학자의 글을 보면서 맹자의 다음 이야기를 떠올렸습니다. "하늘이 장차 그 사람에게 큰 사명을 주려할 때는 반드시 먼저 그의 마음과 뜻을 흔들어 고통스럽게 하고, 그 힘줄과 뼈를 굶주리게 하여 궁핍하게 만들어 그가 하고자 하는 일을 흔들고 어지럽게 하나니, 그것은 타고난 작고 못난 성품을 인내로써 담금질하여 하늘의 사명을 능히 감당할 만하도록 그 기국과 역량을 키워주기 위함이다."

충격이 없으면 발전이 없이 소멸한다

문화는 충격을 받지 않으면 변화와 발전이 없다. 내부 충격이든 외부 충격이든 충격이 있어야 문화가 발전할 수 있다. 내외부로부터의 충격이 없으면 문화는 변신에 실패하고 소멸되고 만다. 이는 역사가 증명하는 사실이다.

― 유홍준(교수)

촌철활인 | 한 치의 혀로 사람을 살린다

변화하지 못하는 조직은 반드시 소멸되기 마련입니다. 근간을 뒤흔들 정도의 외부 충격이 가해져야 조직은 비로소 변화하기 시작합니다. 따라서 외부 충격은 피해야 할 것이 아닌 환영받아야 할 것이라 할 수 있습니다. 장기적인 생존을 담보하기 위해선 일부러라도 충격을 만들어 내야 합니다.

고난에서 배우다

과학과 예술 분야에서 큰 업적을 남긴 사람은 반드시 대학에 다니거나, 박물관이나 미술관등의 편의를 본 사람이 아니며, 위대한 기술자와 발명가가 반드시 기계학을 전문적으로 가르쳐 주는 학교에서 배운 사람은 아니었다. 발명의 모체는 편의보다 곤궁이었으며, 인재를 가장 많이 배출한 곳은 '고난'이라는 학교였다.

— S. 스마일즈, '자조론'에서

촌철활인 | 한 치의 혀로 사람을 살린다

궁즉통窮則通이라는 말이 있습니다. 막다른 골목에 다다르면 반드시 해결책을 찾을 수 있다는 얘기입니다. 조직을 책임지는 훌륭한 리더도, 일반의 기대를 넘어서는 탁월한 상상력도 '곤궁'과 '고난'이라는 학교에서 생성됩니다.

태풍이 불면
물고기들은 잔치를 한다

태풍이 불면 해수면에 사는 물고기들은 잔치를 한다. 태풍은 해저의 차갑고 풍부한 영양분을 해수면으로 들어 올리는 소중한 기회가 되기 때문이다. 자연생태계에서 태풍과 같은 교란도 적당한 빈도로 필요하다. 이것을 생태계의 '중간교란가설(intermediate disturbance hypothesis)'이라 한다.

– 김기찬(카톨릭대학교 교수)

촌철활인 | 한 치의 혀로 사람을 살린다

살다 보면 좋을 때도 있고, 힘들 때도 있습니다. 우리는 늘 좋을 때만 기다리지만, 좋은 때가 지속되는 것이 꼭 좋은 것만은 아닙니다. 태풍은 바닷물이 썩는 것을 방지해 줍니다. 매일 맑은 날만 계속된다면 세상은 사막이 되고 맙니다.

견디기 힘든 것은
좋은 날씨의 연속이다

세상 경험을 많이 쌓은 사람들의 이야기를 들으면 인생에서 정말 견디기 어려운 일은 나쁜 날씨의 연속이 아니라 오히려 구름 없는 날씨의 연속이다.

– 카를 힐티

촌철활인 | 한 치의 혀로 사람을 살린다

임어당은 "봄비는 독서하기에 좋고, 여름비는 장기 두기에 좋고, 가을비는 가방 속이나 다락방을 정리하는 데 좋고, 겨울비는 술 마시기에 좋다."라고 했습니다.

외부 여건이 나에게 우호적으로 바뀌길 기다리지 말고, 주어진 모든 여건을 긍정적으로 해석하여 적극 개척해 나가면 결국엔 긍정의 결과를 낳게 됩니다.

시련은 있어도 실패는 없다

자신이 이루고자 하는 일이 시련과 역경에 부딪쳐 그르치게 되면 보통 사람들은 절망하게 된다. 그러나 이것은 시련이지 실패가 아니다. 내가 실패라고 생각하지 않는 한 이것은 실패가 아니다. 나는 생명이 있는 한 실패는 없다고 생각한다. 내가 살아 있고 건강한 한 나한테 시련은 있을지언정 실패는 없다.

– 정주영, '시련은 있어도 실패는 없다'에서

"생선이 소금에 절임을 당하고 얼음에 냉장을 당하는 고통이 없다면 썩는 길밖에, 썩어 쓰레기통에 버려지는 길밖에 없다." 정채봉 님은 '처음의 마음으로 돌아가라'에서 삶에 고통이 따르는 이유를 이렇게 이야기 하고 있습니다. 삶을 긍정적으로 바라보는 사람에게 있어 역경은 성장과 발전을 위한 또 다른 계기에 다름 아닙니다. 그들에게 있어 고통과 행복은 친구가 됩니다.

재난이 위인을 낳는다

위대한 사람들은 재난과 혼란의 시기에 배출되었다. 순수한 금속은 가장 뜨거운 용광로에서 만들어지고, 가장 밝은 번개는 캄캄한 밤의 폭풍 속에서 나온다.

– 찰스 C. 콜튼

촌철활인 | 한 치의 혀로 사람을 살린다

타고르의 '기도'라는 시에서 유사한 내용을 뽑아보았습니다. "위험에서 벗어나게 해달라고 기도하지 말게 하시고, 위험에 처해서도 두려워 말게 해달라고 기도하게 하소서. 고통을 멎게 해달라고 기도하지 말게 하시고, 고통을 이겨낼 용기를 달라고 기도하게 하소서."

천재는 고난을 사랑한다

어려운 날들이 우리를 더욱 강하고 단단하게 만들어준다. 고난의 시대에 태어난 것은 천재에게는 행운이다. 천부적인 능력을 발휘해 시대의 고난을 떨쳐내고 새로운 시대를 열 수 있는 영광스러운 무대가 주어지기 때문이다.

—괴테, '괴테의 말'에서

촌철활인 | 한 치의 혀로 사람을 살린다

숲에서 가장 강한 나무는 폭풍우와 맞서고 다른 나무들과 싸우는 등 온갖 시련을 이겨낸 후에야 만들어집니다. 사람도 마찬가지입니다. 고난의 시기가 영웅을 만듭니다. 영웅이 되는 첫길은 고난을 기회로 해석하는데서 출발합니다. 위대한 인간이란 역경을 극복할 줄 아는 동시에 그 역경을 사랑할 줄 아는 사람입니다.

닥쳐오는 문제마저 즐겨야 한다

모든 것이 잘 풀릴 때가 이상하고, 오히려 나쁜 상황이 당연하다. 이것이 나의 좌우명이다. '문제가 생긴다니, 좋아! 고민하고 풀어가면 그만큼 성장하는 거지. 문제를 극복하면 새로운 세상이 열리기 때문이야.'

— 하무구치 나오타, '위대한 조언'에서

촌철활인 | 한 치의 혀로 사람을 살린다

위대한 업적을 이룬 사람들은 예외 없이 모두 주어진 문제를 성장의 양식으로 삼아왔습니다. 그들은 문제를 꿈이나 목표를 실현하기 위한 중요한 과정으로 진지하게 받아들이고 극복해왔습니다. 인간은 문제를 받아들이고 해결하려고 노력하기 때문에 성장할 수 있는 것입니다. 고난은 극복하기 위해 있습니다. 훌륭한 선원은 거친 파도가 만듭니다.

내가 성공한 3가지 이유

나는 하느님이 주신 3가지 은혜 덕분에 크게 성공할 수 있었다. 첫째,
집이 몹시 가난해 어릴 적부터 구두닦이, 신문팔이 같은 고생을 통해, 세상
을 살아가는 데 필요한 많은 경험을 쌓을 수 있었고 둘째, 태어났을 때부
터 몸이 몹시 약해 항상 운동에 힘써 왔기 때문에 건강을 유지할 수 있었
으며 셋째, 나는 초등학교도 못 다녔기 때문에 모든 사람을 다 나의 스승
으로 여기고 누구에게나 물어가며 배우는 일에 게을리하지 않았다.

– 마쓰시타 고노스케

촌철활인 | 한 치의 혀로 사람을 살린다

숙연함이 느껴지는 내용입니다. 그리고 100% 동감합니다. 젊
어서 주어지는 시련만큼 리더를 단련시키는 데 도움이 되는 것
은 없다고 확신합니다. 지금 당장 여러분에게 닥친 시련을 성공
의 발판으로 삼는 데 주저하지 마시기 바랍니다.

행복으로의 인도자, 불행

자기 앞에 놓여진 고통은 스스로 치유하고 고쳐야 할 병이 있기 때문에
생겨난 것이다. 의사의 처방전이 환자의 회복을 위한 것이듯 신이 내린 고
통은 그 사람의 도덕적인 건강을 회복하고, 인류애를 느끼게 하기 위한 것
이다. 따라서 환자가 의사의 처방을 받아들이듯이 아무런 불평 없이 받아
들여야 한다.

– 마르쿠스 아우렐리우스

촌철활인 | 한 치의 혀로 사람을 살린다

고통이 병을 치료할 수 있는 기회를 주는 것처럼, 고뇌는 우
리가 태어나서 죽을 때까지 수정해야 할 부분을 지적해주기 위
해 꼭 필요한 것입니다. 톨스토이는 '고뇌의 기쁨을 모르는 사람
은 아직 참된 인생을 시작하지 못한 사람'이라고 주장합니다. 고
통이 없으면 우리는 성장할 수 없습니다.

열악한 환경은 원래부터 없다

지도자는 불리하다고 여겨진 문제점들을 창조적인 아이디어로 극복하여 비전을 달성하는 사람들이다. '열악한 환경'이란 애초에 존재하지 않았다. 창조력이 없는 사람들이 자신이 처한 환경을 그렇게 불렀을 뿐이다.

– 조동성(서울대 교수)

촌철활인 | 한 치의 혀로 사람을 살린다

하얼빈, 다보스, 두바이의 창조경영을 배웠습니다. 이들은 모두 비전과 열정을 가진 뛰어난 리더와 열악한 환경이라는 공통점을 가지고 있었습니다. 하얼빈은 영하 20도 혹한을 눈이 잘 녹지 않는 장점으로 승화해 세계 최대 빙설축제를 성공시켰고, 다보스는 해발 1,575m라는 고립된 환경을 고립된 지식인들의 토론의 장으로, 두바이는 척박한 사막 개발이라는 이벤트로 세계인의 관심을 유발시키는 전략을 활용하고 있습니다. 약점을 강점으로 전환하는 발상의 전환이 필요합니다.

불경기일수록 투자를 확대하라

경제학자들이 입을 모아 경기가 후퇴한다고 할 때, 뭐 어쩌겠는가? 경기가 나쁠 때일수록 매장을 신설해야 하는 법이다. 왜 경기가 풀려서 모든 것이 더 비싸질 때까지 기다린단 말인가? 돈 주고 살 만한 가치가 있는 장소라면 당장이라도 매장을 세워서 경쟁이 심해지기 전에 사업을 시작해야 한다.

— 레이 크록(맥도날드 창업회장)

촌철활인 | 한 치의 혀로 사람을 살린다

경기 순환 곡선 상에 있으면 보이지 않지만, 지나고 보면 경기는 늘 호황과 불황의 연속입니다. 불경기에 투자가 이뤄지면, 호경기에 큰 성공을 거두는 경우가 많습니다. 위와 같은 '남과 다른 역발상' '위기에 몸 던지기' '위험 감수Risk Taking' 등이 바로 경영자의 일입니다. 물론, 그에 대한 책임도 경영자가 집니다.

영원한 겨울은 없다

가장 비관적일 때 투자한 사람이 돈을 번다. 겨울이라 해도 봄은 반드시 온다. 진정한 승자는 대중과 역으로 가는 사람이다. 우리는 최악의 불황이라는 내년에 가장 큰 규모의 신규 투자를 할 계획이다.

– 도용환(스틱 아이티 투자 사장)

촌철활인 | 한 치의 혀로 사람을 살린다

남들과 똑같이 하면서 탁월한 실적을 기대할 수는 없습니다. 어려울 때 소비와 투자를 줄이는 것은 누구나 할 수 있는 평범한 일입니다. 모두들 어렵다 합니다. 그럴 때 거꾸로 가보는 것도 하나의 방법입니다. 어렵다고 움츠려 있을 것인가? 과감하게 투자를 할 것인가? 현재의 선택이 미래를 결정합니다.

장애물이 긍정적인 사람을 만나면

독수리가 더 빨리, 더 쉽게 날기 위해 극복해야 할 유일한 장애물은 '공기'다. 그러나 공기를 모두 없앤 다음 진공 상태에서 날게 하면, 그 즉시 땅바닥으로 떨어져 아예 날 수 없게 된다. 공기는 저항이 되는 동시에 비행을 위한 필수조건이기 때문이다. 마찬가지로 인간의 삶에서도 장애물이 성공의 조건이다.

— 존 맥스웰, '매일 읽는 맥스웰 리더십'에서

촌철활인 | 한 치의 혀로 사람을 살린다

어떤 문제가 긍정적인 태도를 지닌 사람을 만나면 종종 놀라운 결과를 만들어냅니다. 그 문제로 야기된 혼란이 위대한 정치가나, 과학자, 작가 혹은 사업가를 탄생시킵니다. 모든 난관은 동시에 기회이며, 모든 기회는 반드시 난관을 수반합니다.

애플에서 해고당한 것은
내 인생 최고의 사건이었다

그때는 몰랐지만 애플에서 해고당한 것은 내 인생 최고의 사건이었다. 애플에서 나오면서 성공에 대한 중압감을 다시 시작할 수 있다는 가벼움으로 대체할 수 있었다. 그 시기는 내 인생에서 가장 창조적인 시간이었다. 애플에서 쫓겨난 경험은 매우 쓴 약이었지만 어떤 면에서 환자였던 내게는 정말로 필요한 약이었다.

– 스티브 잡스

촌철활인 | 한 치의 혀로 사람을 살린다

역사상 위대한 인물들은 승승장구 연달아 성공했을 때가 아니라 커다란 위기를 맞았을 때 어떤 태도를 취하느냐에 따라 운명이 달라질 수 있다고 믿었던 사람들입니다. 그들은 지난 일에 미련을 두거나 상처를 끌어안고 오랫동안 속상해하는 대신 과거와 신속하고 완벽하게 결별하는 것만이 새로운 출발을 위한 준비라고 생각했습니다. 그들에게 고난과 역경은 하늘이 내린 선물이었습니다.

결핍은 창조의 원천

결핍이 나를 열정적으로 일하게 만들었다. 너무 가난해 제약이 너무 많았고, 기회가 충분히 채워지지 않았다. 그러다 보니 내 몸에서 '해보고 싶다', '이루고 싶다'라는 간절함이 넘쳐났다. 결핍이야말로 성장을 가져다주는 가장 센 동력이다.

– 스티브 정(할리우드 컨셉 디자이너), '최고가 되려면 최고를 만나게 하라'에서

촌철활인 | 한 치의 혀로 사람을 살린다

카이스트 정재승 교수는 "결핍은 욕망을 낳고 과잉은 거부를 낳는다."라고 주장합니다. 내과의사 폴 투르니에는 "역경이 없으면 이를 극복하는 창조력, 문제 해결 능력은 배양될 수가 없다."라고, 제네바대 의대 앙드레 헤이널 교수는 "역경이나 부족, 박탈의 경험 등이 있어야 창조력이 길러질 수 있다."라고 주장합니다.

결핍이 성공을 부른다

자금 부족은 창업을 미룰 만한 이유가 되지 못한다. 오히려 창조성과 경쟁력에 영감을 준다. 풍족함은 기업가 정신에 해가 되는 반면, 사업 초창기에 불안감은 사업에 최상의 요소가 될 수 있다.

– 블리이크 마이코스키(탐스 창업자), '탐스 스토리'에서

촌철활인 | 한 치의 혀로 사람을 살린다

유명 벤처 투자가 마이크 메이폴스는 "시작할 때 지나치게 자금이 풍족한 회사는 자금이 부족한 회사보다 실패할 확률이 더 높다."라고 말합니다. 사업 초창기에 사업가가 쓰는 돈의 양과 기업의 궁극적인 성공은 반비례한다는 것입니다. 풍족함보다는 결핍이 성공을 부릅니다.

제약은 저주의 가면을 쓴 축복이다

"시간, 돈, 인력, 경험이 부족해." 질질 짜는 소리는 이제 그만. 오히려 적을수록 좋다. 제약은 저주의 가면을 쓴 축복이다. 자원이 부족하면 현재 가진 것을 최대한 활용해야 한다. 다시 말해, 낭비가 사라진다. 그리고 제약 속에서 창의적인 아이디어가 나온다.

— 제이슨 프라이드, '똑바로 일하라'에서

촌철활인 | 한 치의 혀로 사람을 살린다

자원이 충분하면 조직 구성원들은 현 상태에서 할 수 있는 일만 하려 합니다. 반면 물러서거나 타협할 수 없는 제약을 배수진으로 설정한 조직은 꼭 해야 하는 일에 집중하게 됩니다. 꼭 해야만 하는 일에 절박한 심정으로 매달리는 조직과 할 수 있는 일만 하는 조직의 성과 차이는 불을 보듯 뻔할 것입니다. 그런 점에서 제약은 저주가 아닌 축복이라 할 수 있습니다.

언제나 돈은 없다, 무전(無錢)의식

리더는 언제나 돈이 없는 환경을 만들어야 한다. 돈이 없어야 지혜가 나온다. 자원의 한계를 뛰어넘는 지혜를 이끌어 내야 사람도 개발되고 조직도 개발된다. 혁신적 성과는 물적, 인적자원 투입의 증대가 아닌, 사람의 지혜로만 가능하다. 자원투입을 전제로 일을 추진한다면 그 한계 안에서 해결책을 찾을 수밖에 없고 따라서 혁신은 불가능해진다.

– 남용(LG전자 부회장)

촌철활인 | 한 치의 혀로 사람을 살린다

지혜를 못 이끌어 내는 리더는 자격이 없으며 지혜의 낭비야말로 돈보다 훨씬 큰 낭비입니다. 남용 부회장의 5무 정신 중 나머지는 '아무리 높은 목표도 안 되는 것은 없다는 무불가無不可', '아무리 높은 수준의 성취라도 자만은 없다는 무자만無自慢', '전략에 모방은 없다는 무모방無模倣', '편법은 없다는 무편법無便法'으로 구성되어 있습니다.

강해지기 위해 우리가 해야 할 일

찰스 F. 캐터링(연구원)은 제너럴 모터스 연구실 벽에 다음과 같은 글을 붙여 놓았다. "성공을 가져오지 말라. 그것은 나를 약하게 만들 뿐이다. 문제를 가지고 오라. 그것이 나를 강하게 만든다."

– 노먼 빈센트 필, '믿는 만큼 이루어진다'에서

촌철활인 | 한 치의 혀로 사람을 살린다

누구나 문제는 본래 몹쓸 것이라고 가정합니다. 그러나 그와는 반대로 문제는 본래적으로 좋은 것입니다. 문제는 그 안에 해결의 실마리를 품고 있습니다.(스탠리 아널드) 인간은 결핍과 장벽과 고통에 강인하게 저항하면서 정신적, 육체적으로 성장하게 되어있습니다. 할 수 있다고 생각하면 뭐든지 할 수 있다는 사실을 잊지 마시기 바랍니다.

지나치게 빠른 성장을 경계하라

어린 시절 내 고향 산골에서는 눈이 쌓이면 삼나무가 딱 소리를 내며 쪼개지곤 했다. 반면에 대나무는 마디가 있어 낭창낭창 휘어지므로 어지간히 쌓인 눈은 거뜬히 견뎌냈다. 빨리 성장하는 삼나무는 눈 무게를 견디지 못하고 쉽게 부러지지만 일정 간격으로 마디가 있는 대나무는 휘어질지언정 부러지는 법이 없다.

— 스즈키 오사무, '작아서 더 강한 기업 스즈키'에서

촌철활인 | 한 치의 혀로 사람을 살린다

어떤 기업이든 순풍에 돛 단 듯 영원히 성장할 수는 없습니다. 오히려 실적이 급격히 성장한 때일수록 경영위기가 닥칠 확률이 높아집니다. 급격한 성장보다는 천천히, 그러나 꾸준하게 대나무처럼 성장의 마디를 만들어가는 기업들이 주기적으로 찾아오는 위기에 더 강한 모습을 보여줍니다. 인생도 마찬가지입니다.

평범한 성공할 바에 차라리 실패하라

시드니에서 세미나를 개최했을 때, 나는 실패의 필요성을 역설했다. 실패가 없으면 혁명은 없다고 말했다. 그렇지만 뛰는 사람 위에는 나는 사람이 있는 법…. 세미나에 참석했던 필 대니얼스는 자신의 경영방침을 이렇게 말했다. "눈부신 실패에는 포상을 내린다. 그러나 평범한 성공은 벌한다." 나의 완패….

– 톰 피터스

촌철활인 | 한 치의 혀로 사람을 살린다

평범한 성공을 계속 쌓아올리느니, 차라리 눈부신 실패를 하는 것이 낫다는 경영철학, 정말 멋있습니다. 실패, 고난, 역경은 모두 부정의 언어가 아닌, 긍정의 언어입니다.

실패를 예찬하라

미래의 경영자들에게 있어서 실패보다 더 중요한 것은 거의 없다. 우리에겐 훨씬 더 많은 실패와 또 보다 빠른 실패가 필요하다. 우리가 '국민 총 실패율'을 높일 수 없다면 우리는 매우 어려운 상태에 있다고 말하는 것이 옳다. 실제로 경제의 가장 밝은 지표는 실패의 증가이다.

– 톰 피터스

촌철활인 | 한 치의 혀로 사람을 살린다

오늘과 같은 변화와 혁신의 시대에는 실패율을 높이는 것, 즉 보다 많은 실패를 보다 빠르게 하는 것이 결국 성공확률을 높이는 것입니다. 실패를 고효율의 과실로 만들 수 있어야 합니다. 그러기 위해서는 '다시는 그런 일을 안 하겠다'는 다짐이 아니라, '같은 실수를 반복하지 않겠다'는 다짐과 실패로부터 얻는 정확한 학습이 필요합니다.

우리 직원들은
하루에 3,000번의 실수를 한다

다우 케미칼 초기 시절, 한 사람이 창립자 허버트 다우를 찾아와서 일자리를 청했다. 그가 자신의 능력을 강조하면서 자신은 일을 하면서 한 번도 실수를 범한 적이 없었다고 하자, "우리 회사는 3,000명의 직원들이 있소. 평균적으로 그들은 매일 3,000번의 실수를 한다오. 나는 완벽한 사람을 고용해서 그들을 모욕할 생각이 없소."라고 말하면서 돌려보냈다.

촌철활인 | 한 치의 혀로 사람을 살린다

유독 실수에 대해서 우리나라와 서양 간에 인식 차이가 큰 것 같습니다. 이제 우리도 실수에 대한 관용, 실수를 통한 학습을 자연스럽게 받아들여야 하겠습니다. 그럴 때만이 실패에 대한 두려움이 없이 과감하게 도전하는 문화배양이 가능하기 때문입니다.

실수한 후에야 제대로 배울 수 있다

사람들은 실패를 두려워한다. 이는 매우 당연한 반응이지만 또한 매우 이상한 것이기도 하다. 왜냐하면 무언가를 성공시키는 방법을 배우려면 실수를 거쳐야 하기 때문이다. 악기를 배워 연주하게 되는 과정을 생각해보라. 아기가 걷는 방법을 알아내는 과정을 지켜보라. 어린아이가 말을 어떻게 배우는지 보라. 걷기, 말하기, 음악 연주 같은 기술들은(종종 아주 웃긴) 무수한 실수들을 거쳐 서서히 점차적으로 완성된다.

– 리차드 브랜슨, '비지니스 발가벗기기'에서

촌철활인 | 한 치의 혀로 사람을 살린다

배움이란 실수를 저지르고 그것으로부터 터득하는 것입니다. 몇 가지 잘못을 범하지 않는다면, 분명 아무것도 배우지 못하거나 크게 성취하지 못할 것입니다. 그런 점에서 애당초 시도하지 않는 것이 진짜 실패요, 시도도 하지 않고 노력도 하지 않는 사람들이 진짜 실패자입니다.

실패의 진정한 의미

실패는 당신이 아무것도 성취하지 못했다는 걸 의미하지 않는다. 당신이 무엇인가 새로 배웠음을 의미할 뿐이다.

– 로버트 슐러

촌철활인 | 한 치의 혀로 사람을 살린다

"그것을 통하여 뭔가를 배울 수 있는 실수들을 가능하면 일찍 저질러 보는 것은 커다란 이득이다." 윈스턴 처칠 수상의 멋진 말입니다. 기업, 개인들 모두의 발전을 위해 반드시 '실패와 실수에 대한 인식'을 바꾸어야 한다고 믿기에 이를 위한 노력을 계속해 나가야 합니다.

나는 실패를 사랑한다

진공청소기를 시장에 내놓기까지 5년 동안 5,127개의 모형을 만들었다. 완성품 이전을 모두 오류라고 본다면 5,126개의 모형을 실수로 볼 수도 있다. 실수나 실패는 발견에 한 발짝씩 다가가는 과정이므로 성공만큼 값지다. 내가 새내기 개발자들에게 "계속해서 실패해라, 그것이 성공에 이르는 길"이라고 말하는 이유다. 나는 실패를 사랑한다.

— 제임스 다이슨(진공청소기 다이슨사 회장)

누구도 실수하는 것을 좋아하지 않지만 누구나 때때로 실수를 하기 마련입니다. 대부분의 사람은 실수를 바로 실패로 연결시켜 생각합니다. 발명 과정에서 여러 번의 실패를 하지 않고 단번에 성공할 수 있는 새로운 기술이나 비결은 없습니다. 실수는 개발의 필수 요소인 것입니다. 실수에서 제대로 배운다면, 실수는 발전을 위한 원동력이 됩니다.

실패는 나의 자랑

어떤 이는 내가 연전연승한다고 생각할 수도 있다. 그러나 그런 일은 있을 수 없다. 새로운 시도를 하면 실패는 당연한 것이 된다. 난 1승 9패라도 좋다고 생각한다. 실패하지 않는 것은 그들이 새로운 시도를 하지 않았거나 실패의 원인을 모르고 있다는 것이다. 정말로 유능한 경영자라면 이를 전패(全敗)라고 생각해야 한다.

– 야나이 다다시(유니클로 회장)

촌철활인 | 한 치의 혀로 사람을 살린다

일본 최고의 부자, 야나이 다다시 유니클로 회장은 실패를 부끄러워하지 않고 오히려 자랑거리로 여기고 있습니다. 계속되는 그의 실패론을 덧붙입니다. "실패하더라도 회사가 망하지 않으면 됩니다. 실패할 거라면 빨리 실패를 경험하는 편이 낫습니다. 비즈니스는 이론대로, 계획대로 되는 것이 아닙니다. 빨리 실패하고, 빨리 수습하는 것이 제 성공비결입니다."('야나이 다다시 유니클로 이야기'에서)

실수를 인정한다는 것

경영을 하는 모든 사람들은 실수를 인정하면 어렵게 얻어낸 존경심을 잃지 않을까 염려합니다. 하지만 실제로 실수를 인정하는 것은 강함과 성숙함, 공명정대함의 표시입니다.

– 앤드류 그로브(인텔 전 회장)

촌철활인 | 한 치의 혀로 사람을 살린다

실수를 인정하여야만 재빨리 수정할 수 있습니다. 체면 때문에 실수를 인정하지 않는 것은 더 큰 화를 가져올 수 있습니다. 매몰원가의 고집, 철수장벽 등이 경영자가 자신의 실수를 인정하지 않으려는 고집에서 발생하는 경우가 많습니다. 리더가 자연스럽게 실수를 인정할 때, 구성원들도 실패에 대한 두려움 없이 과감하게 도전합니다.

대중의 반대편에 서라

어느 순간 거의 모든 사람들이 비관적인 시각을 가질 때, 더 이상의 증시 붕괴는 없다고 해도 과언이 아니다. 대다수 군중의 움직임에 역행해서 행동하기란 참으로 어려운 일이다. 모두가 주식을 팔 때, 또 모든 상황이 최악으로 보일 때 사야 한다. 반대로 모두가 앞다퉈 주식을 살 때 매도해야 한다.

– 존 탬플턴(게리무어 저, '영혼이 있는 투자'에서)

촌철활인 | 한 치의 혀로 사람을 살린다

프랑스 계몽사상가 장 자크 루소는 "군중이 가는 길은 늘 틀리며, 성공의 길은 늘 대중이 가는 반대쪽 길"이라고 말했습니다. 모든 언론에서 한쪽 목소리만 흘러나올 때는 시장의 방향이 큰 변곡점을 앞두고 있는 경우가 많습니다. 올바른 판단을 위해서는 군중으로부터 떨어져 있는 시간을 갖는 것이 필요합니다.

반대없는 의사결정은 위험하다

나는 내게 반대할 수 있는 사람들을 원한다. 자신들이 생각하고 있는 것을 두려움 없이 정확하게 말하는 사람, 설사 그것이 내가 듣기를 원하지 않는 것이라 해도…. 나는 바로 그런 사람들을 원한다.

— 헨리 크래비스(사모펀드 KKR 창업자)

촌철활인 | 한 치의 혀로 사람을 살린다

피터 드러커 교수는 "리더는 칭찬 받으면 좋은 결정을 내리지 못한다."라고 말했습니다. 찬성 의견보다는 오히려 반대 의견을 장려하는 것이 올바른 의사결정을 위한 기본 조건이라 할 수 있습니다.

비판을 부정이 아닌 긍정으로 생각하면 나에게 독이 아닌 약이 되는 것입니다.

비판을 즐겨라

비판을 좋아하는 사람은 아무도 없다. 하지만 나는 이런 비판에 익숙해져 있다. 리더에게 비판은 일종의 삶의 자극제다. 만일 비판을 받아들일 수 없다면, 비판으로부터 지혜를 배우고 한 발짝 물러서서 자신을 바라볼 수 있는 힘이 없다면 리더가 될 수 없다.

– 카를로스 곤(르노 회장)

촌철활인 | 한 치의 혀로 사람을 살린다

공자도 니체도 비판을 즐기라 말합니다. 진리를 향해 나아가는 데에는 동조자보다 비판자가 도움이 됩니다.(공자) 비판은 쉼 없이 들을수록 좋습니다.(니체) 다른 사람의 비판을 피하려면 아무 행동도 하지 말고, 어떤 말도 하지 말아야 하며, 그 어떤 존재가 되어서도 안 됩니다.(알버트 허바드)

반대하는 사람을 우대하라

원래 토론하다는 뜻의 discuss라는 단어는 부정을 의미하는 'dis'와 원망을 의미하는 'cuss'가 합해진 말이다. 요컨대 반론을 제기해도 원망하지 않는다는 것이 'discussion'의 본래 의미다.

– 오마에 겐이치

촌철활인 | 한 치의 혀로 사람을 살린다

세계 최대 수력발전 산샤댐 설계책임자는 가장 큰 공헌을 한 사람이 누구냐는 질문에, 댐 건설을 반대한 사람이라고 답했다 합니다. 의아한 기자가 그 이유를 묻자, "만약 그들이 반대 의견을 내지 않았더라면, 산샤댐의 설계가 지금처럼 완벽할 수는 없었을 것입니다."라고 답했습니다. 반대 의견을 용인하는 단계를 넘어 적극 환영하는 조직과 리더가 많아지길 기대해봅니다.

큰 목표는
스스로 달성 방안을 찾아낸다

나는 비합리적인 목표를 세워 우리 팀이 기존의 해결방식을 넘어서도록 고무했다. 만약 우리가 10~20퍼센트의 생산성 향상을 요구한다면 일반적인 해결책을 얻게 된다. 하지만 생산성을 두 배로 높이라고 주문하면 그들은 모든 걸 다시 생각해야 한다.

– 케빈 롤린스(델컴퓨터 전 CEO)

촌철활인 | 한 치의 혀로 사람을 살린다

경영의 신이라 불리는 마쓰시타 고노스케가 말한 "5% 성장은 불가능해도 30% 성장은 가능하다."와 궤를 같이합니다. 합리적인 목표가 제시되면 현재 방식으로 문제를 해결하려 합니다. 비합리적인 높은 목표가 제시되면 현재를 뛰어넘는 창조적 발상, 단절적 혁신에 나서게 되어 결과적으로 비합리적인 목표를 달성하게 됩니다.

불가능성의 매력

프랑스 작가 메시앙은 "불가능성의 매력, 즉 불가능한 것이야말로 매력이다. 불가능해야 해볼 만하다."라고 했다. 가능한 것을 가능하게 하는 것, 그것은 아무 것도 아니다. 누구나 불가능하다고 하는 것을 가능하게 만들어야 감동적인 것이 나올 수 있다. 진짜 가치 있는 일은 불가능한 것을 가능하게 만드는 일이다.

– 황병기(가야금 명인)

촌철활인 | 한 치의 혀로 사람을 살린다

물방울로 바위에 구멍을 내는 정도의 일을 해야 비로소 감동이 있고 가치가 있다는 말씀입니다. 어려운 일이 닥치면 그것은 불가능해라고 지레 겁먹고 발을 빼는 대신, 이제 비로소 해볼 만한 일을 만났다 생각하면서 도전한다면 이 세상에 불가능한 일은 없을 겁니다.

진정한 스승은 제자의 단점을
먼저 지적한다

나의 좋은 점을 말하여 주는 사람은 곧 나를 해치는 사람이요, 나의 나쁜 점을 말하여 주는 사람은 곧 나의 스승이다.

– 명심보감

촌철활인 | 한 치의 혀로 사람을 살린다

파스칼은 "나의 결점을 지적해주는 사람에게 감사해야 한다."라고 말합니다. 대문호 톨스토이 역시 "남들이 자신을 비방하고 욕설할 때 기뻐하고, 칭찬할 때 슬퍼하라. 비난은 그를 공손함으로 이끌어주며 스스로의 해독제가 되어준다."라고 비슷한 주장을 합니다.

완전함보다 불완전이 아름답다

완전함보다 불완전이 아름답다. 단점을 억지로 가리려고 하지 않아도 된다. 흠은 인간미를 드러내고, 사람들은 인간미 있는 사람을 좋아한다. 꽃을 봐도 그렇다. 우리는 변함없이 완벽한 형태를 유지하는 조화(造花)보다는 때가 되면 시드는 생화를 좋아한다.

– 제이슨 프라이드, '똑바로 일하라'에서

노자는 말합니다. "위대한 조직은 미성숙하고, 완벽하지 않으며, 언제나 개선의 여지고 있다"라고. 완벽은 더 이상 개선의 여지가 없다는 말과 같습니다. 완벽하지 않아도 괜찮습니다. 사람들은 완벽한 사람보다도 단점을 솔직하게 드러내는 사람을 더 좋아합니다.

고객불평, 왜 고마운 선물인가?

고객의 불평불만을 듣기 좋아하는 사람은 없을 것이다. 그러나 고객의 쓴소리는 통증과 같다. 암이 두려운 이유는 아프지 않기 때문이다. 불만을 터뜨리는 고객은 우리 조직의 부족한 점이 암으로 발전하지 않도록 조기 발견, 조기 치료할 수 있도록 경고해 주는 고마운 존재들이다.

— 백수경(인제대 백병원 재단 본부장)

촌철활인 | 한 치의 혀로 사람을 살린다

초우량기업은 평범한 기업이 하지 않는 일을 하는 것이 아니라, 평범한 기업도 하고 있는 일을 탁월하게 하고 있는 기업들입니다. 모든 직원들이 고객의 불평불만을 귀중한 선물로 적극 반기고 최대한 빠르고 철저하게 이를 해결해주는 것이 습관처럼 굳어진 회사, 이런 회사들이 탁월한 회사의 반열에 오르게 됩니다.

더 많은 보수를 원한다면

틀에 박힌 일보다 의미 있는 일에 대한 보수가 더 높다. 일에서 재미를 느끼게 설계하고, 그 일을 즐길 수 있는 사람들로 구성원을 채워라. 그러면 그들도 행복해지고, 부자가 되고, 회사도 행복해지고 부자가 될 수 있다.

– 존 나이스비트, '목적관련 마케팅'에서

촌철활인 | 한 치의 혀로 사람을 살린다

일은 힘든 재미가 되어야 합니다. 일은 희생을 동반한다는 과거 개념에서 탈피할 수 있어야 합니다. 일에서 의미를 찾을 때 놀듯이 일할 수 있고 또한 모든 것을 걸고 몰두할 수 있습니다.

회의는 절대선도 절대악도 아니다

회의가 비즈니스에서 가장 큰 시간 낭비 요소라고 말하는 것은 화가에게 캔버스가 가장 큰 시간 낭비라고 이야기하는 것과 같다. 왜냐면 그는 하루 종일 캔버스 앞에 있기 때문이다.

– 앤드류 그로브(인텔 전 회장)

촌철활인 | 한 치의 혀로 사람을 살린다

어느 조직이나 회의에 대해 이런저런 말이 많습니다. 피터 드러커는 회의를 '무능한 조직에 대한 양보'라고 낮게 평합니다. 그러나 회의는 경영활동의 필수수단입니다. 회의 그 자체는 절대선도 절대악도 아닙니다. 어떤 주제로 누가 어떻게 진행하느냐, 그리고 참석자들의 태도와 참여여부에 따라 효율성 차이는 매우 큽니다. 결국 회의가 아닌 사람이 문제입니다.

역경은 신이
내린 선물이다

시련이 영웅을 만든다

추녀 끝에 걸어 놓은 풍경은 바람이 불지 않으면 소리가 나지 않는다. 태풍이 없으면 바다는 오염 물질을 걸러내지 못해 살지 못한다. 목표가 분명한 영웅은 시련을 두려워하지 않는다. 영웅이 되느냐, 마느냐는 시련을 얼마나 잘 이겨 내는지에 달려있다. 큰 시련에 직면했다면 그것을 극복했을 때 더 큰 성공을 거둘 기회가 기다리고 있음을 기억하라.

— 김광호, '영웅의 꿈을 스캔하라'에서

촌철활인 | 한 치의 혀로 사람을 살린다

성공한 사람들은 한결같이 말합니다. '역경이 나를 키웠다'고…. 세계적 소프라노 조수미 역시 같은 이야기를 합니다. "유학 초기에 너무나 어렵고 외로웠지만 그 시절이 저를 강하고 단단하게 만들었어요. 아픔을 모르는 사람은 절대 좋은 음악을 할 수 없어요. 요즘 젊은 연주자들에게 이 애기를 꼭 해주고 싶어요."

위인이 되는 비결

성공을 위해서는 반드시 실패가 필요한 법이다. 별다른 고생 없이 평탄한 삶을 산 사람 중에 커다란 업적이나 성취를 이룬 사람을 찾아보기 힘들다. 그것이 세상의 이치다. 위인들은 역경에도 불구하고 위인이 된 것이 아니라 사실 역경 덕분에 위대한 업적을 이룰 수 있었던 것이다. 이들에게는 역풍이 오히려 반가운 존재다.

— 김주환, '회복탄력성'에서

촌철활인 | 한 치의 혀로 사람을 살린다

우리 모두는 인생의 역경을 이겨낼 잠재적인 힘을 가지고 있습니다. 그러한 힘을 학자들은 회복탄력성resilience이라 부릅니다. 역경이야말로 사람을 더욱더 강하게 튀어 오르게 하는 스프링보드와 같은 역할을 하여, 원래 있었던 위치보다 더 높은 곳까지 올라가게 합니다. 말 그대로 실패가 성공의 어머니가 되는 것입니다.

벽을 뛰어넘으면서 인간은 성장한다

일을 하다가 벽이 나타났을 때 '벽이 나타났습니다. 안 됩니다'라고 말하는 사람들을 제일 미워합니다.(웃음) '그 벽을 한번 뛰어넘어 봐라, 아니면 옆으로 돌아가 봐라, 아니면 땅을 파고 터널을 만들어라, 아니면 그냥 한번 밀어봐라' 이렇게 말합니다. 온갖 시도를 하다 보면 안 되는 일은 없다. 그것이 저의 체험적 경험의 소산입니다.

— 박원순(서울시장), '희망을 심다'에서

촌철활인 | 한 치의 혀로 사람을 살린다

박원순 시장은 '뭔가 하나 시작하면 자신의 모든 것을 투자해서 성취하고 마는 그런 끈기'가 오늘의 자신을 만들었다고 말합니다. 스포츠, IT 산업, 한류 등 다양한 분야에서 세계적 두각을 나타내는 대한민국의 위대한 힘의 근원은 바로 이런 열정과 끈기가 아닐까 생각해 봅니다. 일하는 데 나타나는 벽을 뛰어넘으면서 인간은 성장하게 되어있습니다.

고난 속에서 뼈는 여문다

일이 뜻대로 되지 않는 불우한 처지에서는 주위의 모든 것이 나를 단련시키는 좋은 침과 약이 되어, 저도 모르는 사이에 지조와 품행이 닦여진다. 일이 뜻대로 순조롭게 될 때에는 눈앞의 모든 것이 나를 해치는 흉기가 되어, 저도 모르는 사이에 육체와 정신을 썩어 문드러지게 한다.

— 홍자성, '채근담'에서

촌철활인 | 한 치의 혀로 사람을 살린다

가난과 근심과 걱정은 우리를 옥처럼 완성시켜 줍니다. 고난은 뼈를 여물게 합니다.('근사록') 삶의 악조건들은 나를 보다 강하게 만드는 진정한 인생의 보약이 됩니다. 온갖 문제들을 겪어보아야 지혜와 혜안이 생기는 법입니다. 안타깝게도 우리는 고난에 처한 당시에는 고난의 진정한 가치를 깨닫지 못합니다.

신이 인간에게 그 많은 역경을 주는 이유

만약 나한테 다른 사람들에게 해줄 충고 한마디를 부탁한다면, 힘든 고비를 인생의 한 부분으로 생각하라고 말하고 싶다. 만약 힘든 고비에 부딪히게 되면, 고개를 높이 들고 정면을 바라보며 이렇게 말하라. '역경, 나는 너보다 강하다. 너는 결코 나를 이길 수 없다'고 말이다.

– 앤 랜더스(칼럼니스트)

촌철활인 | 한 치의 혀로 사람을 살린다

전지전능한 신은 왜 선한 사람들이 그토록 많은 고통을 겪도록 내버려두는 것일까요? 할 어반은 '인생의 목적'이라는 책에서 "고통이나 역경이 없는 인생은 그저 계획된 대로 움직이는 꼭두각시에 불과하기 때문에 살아가는 기쁨이나 승리감을 맛보게 하기 위해 일부러 고통을 준다."고 합니다.(윤영걸, '30대가 아버지에게 길을 묻다'에서) 고통과 역경은 피할 수 없지만 행복과 불행은 우리의 선택입니다.

우리 모두는 행운아다

포춘이 선정한 500대 기업 CEO의 52%가 중하위층이나 빈곤층 출신이고, 미국 백만장자의 80%는 1세대 백만장자다. 기회는 살아 있고 충분하다. 최근 조사에 따르면 세계 일류 리더 300명 중 75%가 가난한 가정에서 자랐고, 어린 시절 학대를 당했으며, 일부는 심각한 신체장애를 안고 있었다.

– 지그 지글러, '정상을 넘어서'에서

촌철활인 | 한 치의 혀로 사람을 살린다

그들은 조건이나 문제에 집중하지 않고, 일어난 일에 대해 부정적으로 반응하는 대신 긍정적으로 대응했습니다. 인간을 제한하는 것은 출생지나 학력, 피부색이 아니라 그가 품은 희망의 크기입니다. 우리 모두는 잠재적 백만장자요, 잠재적으로 위대한 리더입니다. 그만큼 우리 모두는 행운아라 할 수 있습니다. 정상을 넘어가는 과정에서 당연히 언덕이나 계곡을 맞닥뜨릴 것입니다. 성공을 향한 여행은 힘겹지만 신나는 일입니다.

고난과 역경을 뒤집어쓰고
기회는 온다

모든 문제 속에는 그 문제를 완전히 뒤집는 크고 작은 소중한 기회가 숨겨져 있다. 이 세상의 거의 모든 성공 스토리는 문제나 장애를 똑바로 인식하고 그 문제를 기회로 바꾼 사람들에 의해 창조되었다.

– 아담 J 잭슨, '플립사이드'에서

촌철활인 | 한 치의 혀로 사람을 살린다

'문제'는 성공 스토리를 빛내주는 훌륭한, 절대 필요한 소재입니다. 세상에서 가장 가치 있는 것들은 대개 고난이라는 포장지로 싸여 있습니다. 모든 불행과 고통은 그것이 끝났을 때 그전보다 우리를 더 강하게 만들어 놓고 떠납니다.

모든 장애물이 위대한 스승이다

당신이 모든 형태의 역경을 피해갈 수 있어서 그렇게 한다면, 당신의 성품을 어떻게 계발할 것인가? 역경이란 피해갈 것도, 두려워해야 할 것도 아니다. 품에 안고 극복해야 하는 것이다. 사람의 성품에서 인내심이란 마치 쇠에 탄소를 집어넣는 것과 같다. 탄소는 쇠를 굳게 만들고, 인내는 당신을 강하게 만든다.

– 컬린 터너(Colin Turner)

컬린 터너는 어떤 일이 생길 때마다 자신에게 이렇게 말하라고 제안합니다. "여기에서 내가 배울 점은 무엇인가? 여기에서 내가 끌어낼 수 있는 점은 무엇인가? 나는 어떤 기회를 발견할 수 있는가?" 니체는 "찬란한 별이 탄생하기 위해서는 자기 안에 혼란이 존재해야 한다."고 말했습니다. 모든 걸림돌은 내가 바라는 존재가 되기 위해 꼭 견뎌내야 할 학습의 하나라 할 수 있습니다.

성공이라는 글자를 현미경으로 들여다보면

뛰어넘을 수 없는 벽은 찾아오지 않는다. 고통 없는 성공은 있을 수 없다. 성공이라는 글자를 현미경으로 들여다보면 그 속에는 수없이 작은 실패가 개미처럼 많이 기어 다닌다.

− 정호승, '내 인생에 힘이 되어준 한마디'에서

촌철활인 | 한 치의 혀로 사람을 살린다

일반적인 공식으로 풀면 실패+실패는 좌절이 나와야 정답이지만 많은 실패를 극복하고 성공한 사람들, 즉 실패로부터 학습한 사람들의 공식으로 풀면 실패+실패의 정답은 성공이 됩니다.

승마경기에서
장애물은 장애가 아니다

승마경기에서 장애물은 장애물이 아니라 승마라는 경기를 있게 해주는 결정적 요소다. 장애물을 넘었기 때문에 승마경기를 했다고 할 수 있는 것이다. 꿈도 마찬가지다. 장애물은 옵션이 아니다. 장애물이 있기 때문에 승마경기가 성립되는 것이고, 장애물이 있기 때문에 꿈을 이룰 가치가 있는 것이다.

– 채인영, '꿈 PD 채인영입니다'에서

촌철활인 | 한 치의 혀로 사람을 살린다

자신의 재능을 살려 꿈을 제대로 찾아간다면 그리고 그 길을 묵묵히 꾸준하게 걸어간다면 하늘은 반드시 우리를 도와줍니다. 장애물이 있기 때문에 우리는 하늘이, 우주가, 신이 우리 자신을 돕고 있음을 알게 되는 것입니다.

역사가 가르쳐주는 교훈

역사적인 성공의 절반은 죽을지도 모른다는 위기의식에서 비롯되었고, 역사 속 실패의 절반은 찬란했던 시절에 대한 향수에서 비롯되었다.

– 아놀드 토인비(역사학자)

촌철활인 | 한 치의 혀로 사람을 살린다

군자는 지금 편안할 때가 있다고 해도 언제 위험이 다가올지 모른다는 생각을 잊지 말아야 하고 지금은 존재해 있어도 언제 망할지 모른다는 것을 잊지 않아야 합니다. 그렇게 해야 몸이 편안해질 수 있고 나라(조직)를 보전할 수 있습니다. 아주 오래된 불교 경전 '역경譯經'에 나오는 말입니다.

고독 없이 성장도 없다

인생의 삼고(三苦)는 고독, 고생, 고통이다. 이 세 가지 모두 감내하기란 쉽지 않다. 하지만 그런 만큼 이보다 인생을 더 크게 발전시키는 것도 드물다. 그런 의미에서 삼고는 인생의 삼고(三高)다. 고독하지 않으면 몰입할 수 없으며, 고생하지 않으면 대가가 될 수 없고, 고통이 없으면 삶의 의미를 깨닫기 힘들기 때문이다.

– 유영만, '니체는 나체다'에서

촌철활인 | 한 치의 혀로 사람을 살린다

알버트 아인슈타인의 고독 예찬을 함께 살펴보시기 바랍니다. "고독은 젊은 날에는 고통스럽다. 하지만 좀 더 성숙하면 고독은 즐거운 일이 된다. 나는 시골에서 고독하게 생활했는데, 고요한 삶의 단조로움이 창의적 사고에 자극이 된다는 것을 깨달았다."

행복의 길에는 늘 고통이 함께한다

　재미로 가득하고 고통이 없는 삶이 곧 행복이라고 굳게 믿는다면 진정한 행복을 얻을 가능성은 오히려 줄어든다. 재미와 즐거움이 행복과 동일하다면 고통은 불행과 동일해야 한다. 하지만 사실은 그 반대다. 행복에 이르는 길에는 보통 어느 정도의 고통이 수반된다.

– 지그 지글러(작가)

촌철활인 | 한 치의 혀로 사람을 살린다

　스트레스는 피할 수 없을 뿐만 아니라 반드시 나쁜 것만은 아닙니다. 스트레스는 신체를 보호합니다. 스트레스를 받은 사람은 주변 환경을 경계하고 위험을 피하기 위해 계획을 세웁니다. 반면에 즐겁고 태평한 사람은 함정 속으로 걸어 들어가고 있음을 알아차리지 못합니다.(브루스 맥웬)

고난은 미래의 행복

대체로 고난은 장래의 행복을 뜻하고 그것을 준비해 주는 것이므로 나는 그러한 경험을 통해서 고난을 당할 때는 희망을 갖게 되고 반대로 너무나 행복할 때는 의구심을 갖게 된다.

— C. 힐티(작가)

촌철활인 | 한 치의 혀로 사람을 살린다

뜨거운 가마 속에서 구워낸 도자기는 결코 빛깔이 바래는 일이 없습니다. 이와 마찬가지로 고난의 아픔에 단련된 사람의 인격은 영원히 변하지 않게 됩니다. 안락은 악마를 만들고 고난은 사람을 만드는 법입니다.(쿠노 피셔)

힘은 어디에서 유래하는 걸까?

힘은 어디에서 유래하는 걸까? 정신의학적 설명을 하자면 힘은 모자람에서 온다. 배가 고파야 동물은 움직일 동기가 생기고 따라서 힘이 생긴다. 우리 민족의 저력은 바로 이 모자람에서 비롯되고 있다. 모자람의 미학이란 결코 없는 자의 지위가 아니다. 모자람은 축복이다.

– 이시형(박사)

모자람을 발견하는 순간 자괴심에 빠져드는 이가 있는가 하면 모자람을 채우기 위해 목표를 세우고 도전하는 이도 있습니다. 넉넉한 것이 꼭 복이 아닌 것처럼, 모자란 것이 불행도 아닙니다. 모자람을 기회로 삼지 못하는 게 불행입니다. 생각하기에 따라서 모자람이야말로 진정한 성장의 동력이 될 수 있습니다.

풍파를 거쳐야 진정한 결실이 온다

수많은 싸움과 셀 수 없는 패배 끝에 성공할 수 있다는 점에서 장애물은 필수적이다. 싸움과 패배는 당신의 실력과 힘을 강화시키고, 용기와 인내력을 키우며, 능력과 자신감을 높일 것이다. 한마디로, 모든 장애는 당신을 발전시키는 동지이다.

– 오그 만디노(작가)

촌철활인 | 한 치의 혀로 사람을 살린다

성공한 사람들과 20여 년간 인터뷰를 한 나폴레온 힐은 "모든 문제와 어려움은 그만큼의 기회나 더욱 큰 혜택과 닿아 있다."라고 강조합니다. 사람들은 화창한 날씨를 고대하지만 매일 날씨가 좋으면 땅은 사막으로 변해갑니다. 지속적 평안보다는 거친 풍파가 사람과 조직을 강하게 합니다.

고통과 불행이
우리에게 가르쳐 주는 것

내가 만약 30대를 거치는 동안 내내 성공하기만 했다면, 고통과 비판을 받으면서도 열려 있을 수 있는 방법이나, 좌절하면서도 실패를 새로운 방향으로 바꿀 수 있는 방법이나, 다른 사람들을 동정하는 방법을 배울 수가 없었을 것이다. 지금 생각해 보면 그 모든 것이 나와 내 빛나는 업적을 위한 것이었다. 실패와 고난은 성공으로는 절대로 얻을 수 없는 많은 교훈을 나에게 주었다.

― 줄리아 카메론, 문요한 저 '그로잉'에서

촌철활인 | 한 치의 허로 사람을 살린다

살면서 고통, 역경, 실패, 비난, 불행 등을 피해갈 사람은 아무도 없습니다. 오히려 겪어야 할 때 겪지 못하면 더 큰 실패와 불행으로 이어지기 쉽습니다. 이른 성공은 축복보다는 오히려 재앙이라고 말해집니다. 현재의 고통은 원하는 미래를 위해 준비된 하나의 복선일 수 있습니다. 맹자는 "오늘의 역경은 하늘이 나에게 보다 큰 임무를 맡기기 위해 미리 보내는 것"이라 했습니다.

장벽의 존재에는 모두 이유가 있다

장벽이 있는 것은 다 이유가 있기 때문이다. 우리를 내몰려고 장벽이 있는 것이 아니다. 장벽은 우리가 무엇인가를 얼마나 절실히 원하는 지 깨달을 수 있도록 기회를 제공하는 것이다. 왜냐하면 장벽은 그것을 절실하게 원하지 않는 사람들을 멈추게 하려고 거기 있기 때문이다. 장벽은 당신이 아닌, 다른 사람들을 멈추게 하려고 거기 있는 것이다.

– 랜디 포시, '마지막 강의'에서

촌철활인 | 한 치의 혀로 사람을 살린다

랜디 포시 교수의 '마지막 강의' 동영상을 보고, 책을 읽었습니다. 한 사람의 삶에서 이렇게 많은 울림이 있을 수 있다는 것을 다시 한 번 깨달았습니다. 그의 '마지막 강의'와 '마지막 삶'은 수많은 사람의 영혼을 구했습니다.

고통은 '지혜'라는 결실을 맺는다

독일 베를린의 막스 플랑크 교육 연구소가 15년 동안 1천 명을 대상으로 연구한 끝에 지혜로운 사람들은 다음과 같은 공통점을 갖는다고 밝혔다. '지혜로운 사람들은 대부분 역경이나 고난을 극복한 경험이 있었다. 인생의 쓴 맛을 본 사람들이 순탄한 삶을 살아온 사람들보다 훨씬 지혜로웠다'

– 차동엽(신부), '뿌리 깊은 희망'에서

그렇습니다. 고난에서 삶의 지혜가 생깁니다. 그리고 고난을 잘 활용하면 일취월장의 계기가 됩니다. 그러므로 지금 혹시 자신이 어려움을 겪고 있다면, 바로 이 시기가 성장하는 시기, 곧 생존의 내공을 쌓는 시기라고 생각해 보시기 바랍니다.

문제가 없는 것이야말로
심각한 문제다

살아있는 사람은 누구든 걱정거리나 문제가 있다. 흔히 '문제'라는 단어는 부정적인 의미로 받아들여진다. 그러나 이를 부정적으로 보지 않는 사람들도 있다. 문제가 없는 것이야말로 문제인 것이다.

– 켄 블렌차드, '리더의 심장'에서

촌철활인 | 한 치의 혀로 사람을 살린다

노먼 빈센트 필 박사는 '문제가 없다면 그것이야말로 진짜 심각한 상태다. 문제가 많을수록 오히려 더 생기 있게 살 수 있다'고 단언합니다. 그는 자신에게 정말로 아무 문제가 없다면 곧장 "하느님, 어찌된 일입니까? 이제는 저를 신뢰하지 않으시나요? 저에게 몇 가지 문젯거리를 주십시오."라고 기도하라고 주장합니다.

시련으로 삶을 완성하라

삶에 의미가 있다면, 그것은 시련이 주는 의미이다. 시련은 운명과 죽음처럼 삶의 빼놓을 수 없는 한 부분이다. 시련과 죽음 없이 인간의 삶은 완성될 수 없다.

– 빅터 프랭클, '죽음의 수용소'에서

촌철활인 | 한 치의 혀로 사람을 살린다

사무엘 스마일즈는 "역경은 죽기 살기로 노력하고 인내하도록 등을 떠밀고, 다른 때 같으면 잠자고 있었을 재능과 능력을 일깨워 주는 최고의 동반자이다."라고 말했습니다. 시련과 역경을 인생의 최고 동반자로 인정하는 것만으로도 우리는 훨씬 더 행복하게 살아갈 수 있을 것입니다.(박종평, '그는 어떻게 이순신이 되었나'에서)

역경이 사람을 키운다

인간의 성격은 편안한 생활 속에서는 발전할 수 없다. 시련과 고생을 통해서 인간의 정신은 단련되고 또한 어떤 일을 똑똑히 판단할 수 있는 힘이 길러지며 더욱 큰 야망을 품고 그것을 성공시킬 수 있는 것이다.

– 헬렌 켈러(사회사업가)

헬렌 켈러는 다음과 같이 역경을 예찬하고 있습니다. "나는 나의 역경에 대해서 하나님께 감사한다. 왜냐하면 나는 역경 때문에 나 자신, 나의 일, 그리고 나의 하나님을 발견했기 때문이다." 세상이 편리해지는 만큼 역경을 체험할 기회는 점점 줄어듭니다. 따라서 미래의 인재들에게는 역경 체험 기회가 그만큼 소중하다 하겠습니다.

상처를 통해
더 넓은 세상과 조우하라

상처는 깨달음의 쾌락과 배움에 지불하는 당연한 대가이고, 안다는 것은 곧 상처받는 일이어야 한다. 상처에서 새로운 생명, 새로운 언어가 자란다. 건조하고 차가운 장소에서는 유기체가 발생하지 않는다. 상처받은 마음이 사유의 기본 조건이다. 상처가 클수록 더 넓고 깊은 세상과 만난다. 그러므로 편안한 상태에서 앎은 없다.

– 정희진, '지성인을 위한 교양 브런치'에서

촌철활인 | 한 치의 혀로 사람을 살린다

아픈 만큼 성숙해진다는 노랫말이 생각나게 하는 멋진 글입니다. 정희진 님은 "돌에 부딪친 물이 크고 작은 포말을 일으킬 때 우리는 비로소 물이 흐르고 있음을 깨닫게 되며, 눈을 감고 돌아다니다가 벽을 만나면 자기가 서 있는 위치를 알게 된다."라고 말합니다.

야구공이 멋지게
포물선을 그리며 날아가는 이유

야구장에서 신발 닦는 일을 하던 한 소년이 야구감독의 신발을 닦아 주면서 물었다. "야구공이 멋지게 포물선을 그리며 날아가는 이유는 뭔가요?" 감독이 답했다. "야구공을 봐라. 거기에는 실로 꿰맨 자국이 있다. 그 상처 때문에 야구공이 멀리 높이 날아간단다."

– 김용섭, '청춘내공'에서

소년은 실로 꿰맨 상처 자국이 공을 멀리 보내는 원동력이라는 말에서 자신의 불우한 환경을 야구공의 실밥 상처로 여기고 오히려 더 큰 꿈을 꿨습니다. 그가 바로 아프리카 가나의 불우한 가정에서 태어나 고달픈 시절을 보낸 코피 아난Kofi Annan 전 유엔 사무총장입니다.

인류 역사에 태평성대는 없다

전쟁에 한 번도 휘말리지 않고 평화를 오래 지속시킨 나라가 있다면, 그런 나라는 스스로 무기력해지거나 내분에 직면한다.

– 마키아벨리, '로마사 평론'에서

진나라 죽림칠현 중 한 사람인 산도는 "외부에 아무런 걱정도 없는 평화로운 시기가 계속되면 반드시 근심이 생긴다. 적국이나 외환이 없으면 도리어 나라가 망한다."고 말했습니다. 십팔사략十八史略에도 '바깥이 편안하면 반드시 안에 걱정이 있다'고 나와 있습니다. 편안할수록 위기를 생각하는 거안사위居安思危의 지혜를 되새겨 봅니다.

은혜는 겨울에 자란다

　　시련의 시기는 삶의 가치를 다할 수 있는 선물. 잔잔한 물은 노련한 뱃사공을 만들지 못한다. 혹독한 경쟁상황과 열악한 환경을 이겨 냈을 때 사람도 기업도 비로소 경쟁력을 갖추게 된다. 계속 햇볕만 쬐면 사막이 되어 버리듯 인생에 성공만 있으면 자만하기 쉽고 이웃의 아픔을 함께할 가슴을 갖기 힘들다.

– 이승한(홈플러스 사장)

촌철활인 | 한 치의 혀로 사람을 살린다

　　강한 의지와 성공사이에는 밀접한 상관관계가 있습니다. 대부분의 사람들은 고난을 겪으면서 강한 의지가 생겨나게 됩니다. 고난은 사람을 겸손하게 만들고 어려운 처지에 있는 사람을 이해하게 해 줍니다. 또한 고난은 자신이 할 수 있는 한 가지 일에 몰두하게 하여 누구도 따라올 수 없는 경지에 도달하게 하는 은혜도 베풀어 줍니다.

난관은 더욱 위대한 교사다

번영은 위대한 교사이지만 난관은 더욱 위대한 교사다. 부유함은 마음을 풍요롭게 한다. 그러나 빈곤은 마음을 단련시킨다.

– 윌리엄 해즐릿(비평가, 수필가)

벤자민 프랭클린은 "고통을 겪어야 강하게 된다는 것이 얼마나 숭고한 것인가를 알라. 인내할 수 있는 사람은 그가 바라는 것은 무엇이든지 손에 넣을 수가 있다."라고 말합니다. '역경은 인간을 낳고, 행운은 괴물을 낳는다'는 프랑스 속담도 함께 보내드립니다.

성공은 어설픈 교사다

성공은 어설픈 교사다. 현명한 사람들로 하여금 자신에게는 실패란 없다고 확신하게 만든다.

– 빌 게이츠(마이크로소프트 회장)

무엇인가 성공했을 때나 높은 평가가 집중될 때야말로 실은 가장 위험한 상태입니다. 실패가 없으면 우쭐해서 자만에 빠질지도 모릅니다. "성공의 비결을 쓸 수 있다고 생각할 때, 성공으로의 길은 막힌다."라는 루 거스너, IBM 전 회장의 말도 같은 의미로 이해됩니다.

실패의 또 다른 이름은?

미래를 두려워하고 실패를 두려워하는 사람은 자기 스스로 손발을 묶어 놓은 것과 똑같다. 실패를 두려워하지 마라. 실패란 이전보다 훨씬 풍부한 지식으로 다시 일을 시작하게 만드는 기회의 또 다른 이름일 뿐이다.

— 헨리 포드(포드자동차 창업회장)

촌철활인 | 한 치의 혀로 사람을 살린다

우리는 살면서 일을 하게 됩니다. 그러나 막상 일을 수행하다 보면 그 일이 실패할지도 모른다는 생각을 하게 됩니다. 거기서 문제가 시작됩니다. 실패를 생각하는 순간 자신 스스로 실패할 수밖에 없는 이유를 만듭니다. 항상 자신이 성공할 수 있다는 생각을 가지십시오. 그 순간 내 자신은 성공할 수밖에 없다는 이유를 만들어 내고 있을 겁니다.(데이빗 슐츠)

실패를 모르는 자는
자서전을 쓸 수 없다

모든 자서전엔 실패를 딛고 일어선 이야기가 나온다. 당신이 지금 세상에서 가장 큰 실패를 한 사람이라면, 세상에서 가장 감동적인 자서전을 준비하고 있는 것이다.

– 정철, '머리를 9하라'에서

촌철활인 | 한 치의 혀로 사람을 살린다

어떤 고통이나 비극을 겪고 있다면 그것은 어떤 좋은 것을 얻을 수 있는 기회이기도 합니다. 그것은 우리가 원했던 것일 수도 있고 다른 것일 수도 있지만 위기의 나날이 끝나면 우리는 더 강하고 현명한 사람이 될 것이고 자신의 본 모습을 찾게 될 것입니다.(멕사인 슈널)

위대한 기업을 판단하는 기준

어떤 회사가 위대한 기업으로서 그 위치를 유지할 수 있는가 없는가를 판단하는 기준은 성공한 실적에 의해서가 아니라 좌절과 실패, 그리고 어려운 시기를 극복해 내는 능력으로부터 기인한다.

– 메리어트 2세

촌철활인 | 한 치의 혀로 사람을 살린다

마쓰시타 고노스케는 "호황은 좋지만, 불황은 더 좋다."라고 말했습니다. 준비된 자에게는 위기가 오히려 기회입니다. 모두들 어렵다고 말할 때 '기회가 왔다는 점을 빨리 깨닫고, 이 기회를 어떻게 살릴 것인가'에 골몰하는 것이 준비된 자들의 모습입니다. 이제는 위기가 아니라 기회, 희망, 긍정, 도전을 이야기할 때입니다.

조영탁의 행복한 경영이야기
긍정편

희망 그리고 감사

늘 희망을 말하라

매사에 감사하라

늘
희망을 말하라

희망은 절망을 몰아낸다

사람의 뇌는 동시에 두 가지 감정을 가질 수 없다. 곧 사람의 머리에는 오직 한 의자만 놓여 있어서 여기에 절망이 앉아 버리면 희망이 함께 앉을 수 없고, 반대로 희망이 먼저 앉아 버리면 절망이 함께할 수 없다는 것이다.

– 차동엽(신부), '뿌리 깊은 희망'에서

촌철활인 | 한 치의 혀로 사람을 살린다

심리학에서는 이를 '대체의 법칙'이라고 설명한다고 합니다. 차 신부는 "절망을 없애려고 하지 말고 희망을 붙잡아라. 절망하고 싸우지 마라, 자꾸 희망을 가져라. 이루어지든지 말든지 계속 좋은 것을 상상하라. 그러면 된다. 연거푸 희망을 품는 것이 절망을 몰아내는 상책이다."라고 말합니다. "불행을 치유하는 약, 그것은 희망 이외에는 없다." 셰익스피어의 명언이 떠오릅니다.

희망은 진정한 공짜입니다

　태양이 찬란해 보이는 것은 밤이 있기 때문입니다. 만약 어둠이 없고 찬란한 태양만 있다면 사람들은 진저리를 칠 것입니다. 희망은 좌절, 실패, 슬픔, 불행, 고통 같은 부정적인 것들을 통해 더욱 선명해집니다. 희망은 인간에게 태양과 같은 것이고 인간을 아름답게 만드는 기적 같은 것입니다. 기적은 희망을 통해 이루어집니다.

– 김홍신, '인생사용 설명서'에서

촌철활인 | 한 치의 혀로 사람을 살린다

　얼음이 녹으면 무엇이 되느냐고 물으면 '물이 된다'고 하기보다는 '봄이 온다'고 말할 수 있으면 좋겠습니다. 희망은 사람이 가진 최고의 자산입니다. 희망은 결국 행복으로 가는 지름길이자 가장 사람다운 징표입니다. 희망은 억만금으로도 살 수 없습니다. 희망은 공짜입니다. 마음만 활짝 열면 말입니다. (김홍신, '인생사용 설명서'에서)

희망이 미래를 결정한다

유대인들의 히브리어에는 희망과 밧줄이라는 뜻을 동시에 가진 틱바 (tikvah)라는 단어가 있는데, 그 발상이 재미있다. 희망은 다른 것이 아니라 절체절명의 궁지에 처해있을 때 꽉 붙잡고 살아남기 위한 동아줄과 같다. 이러니 희망은 얼마나 절박한 선택인가? 희망은 개인뿐만 아니라 국가의 미래도 좌우한다.

― 차동엽(신부), '대한민국 국격을 생각한다'에서

촌철활인 | 한 치의 혀로 사람을 살린다

오직 인간만이 미래가 과거와 다를 수 있다는 생각을 합니다. 따라서 희망은 가장 인간적인 감정입니다. 희망은 인간을 인간이게 만드는 중요한 특성인 것입니다. 그런데 세상에 희망만한 명약은 없습니다. 내일은 더 나아질 것이라는 기대보다 약효가 강한 자극제나 강장제는 없기 때문입니다.(오리슨 스웨트 마덴)

무 자본 고 소득의 길, 희망

희망은 자본이 들지 않는다. 무일푼이라도 '희망사업'은 누구든지 할 수 있다. 잘 되면 대박, 밑져야 본전!

– 차동엽(신부), '희망의 귀환'에서

이어지는 내용입니다. '돈이 없다고 변명하지 마라, 희망은 공짜다. 배경이 없다고 핑계대지 마라, 희망의 해는 공평하게 비춘다. 시간이 없다고 넋두리하지 마라, 희망은 무한에 널려 있다.'

희망을 말하라

희망을 말하라. 될 수 있는 한 자주 떠벌려라. 희망을 글로 적어라. 가능한 한 또박또박 반복해서 적어라. 희망을 선포하라. 혼자 우물우물 속삭이지 말고 만천하에 공표하라. 그것이 더 큰 성취의 파장을 일으킬 것이다.

— 차동엽(신부)

촌철활인 | 한 치의 혀로 사람을 살린다

정호승 시인은 "인간의 가장 큰 죄악은 희망을 잃는 것이다. 절망이라는 죄는 신도 용서하지 않는다."면서 절망적 상황 속에서도 끝까지 희망을 간직하라고 말합니다. 희망은 인간을 인간이게 만드는 가장 중요한 특성입니다.

희망을 노래하라

얼음장 밑에서도 고기는 헤엄을 치고, 눈보라 속에서도 매화는 꽃망울을 튼다. 절망은 희망의 어머니, 고통은 행복의 스승, 시련 없이 성취는 오지 않고, 단련 없이 명검은 날이 서지 않는다.

– 문병란(시인), '희망가'에서

촌철활인 | 한 치의 혀로 사람을 살린다

희망가 이어집니다. '꿈꾸는 자여! 어둠속에서 멀리 반짝이는 별빛을 따라 긴 고행 길 멈추지 말라. 인생항로 파도는 높고, 폭풍우 몰아쳐 배는 흔들려도 한 고비 지나면 구름 뒤 태양은 다시 뜨고, 고요한 뱃길 순항의 내일이 꼭 찾아온다.'

희망은 밑바닥에서 샘솟는다

'모든 것은 변한다. 높은 것은 모두 내려오게 되었으니 반드시 겸손해야 한다. 아무리 바닥을 치더라도 절대 희망을 잃지 마라. 내려가기만 하는 것은 없다. 언젠가 반드시 바닥을 치고 반등할 것이다.' 이것이 주역의 가르침이다.

– 윤지산, '고사성어 인문학 강의'에서

촌철활인 | 한 치의 혀로 사람을 살린다

'주역'은 곳곳에서 유사한 가르침을 주고 있습니다. '하늘 끝까지 올라간 용은 더 올라갈 데가 없어서 내려올 수밖에 없듯이, 부와 권력이 정점에 달하면 무너질 위험이 있으니 늘 조심하라'는 항룡유회亢龍有悔, '세상 모든 것은 극점에 이르면 반드시 돌아간다'는 극즉반極卽反이 그것입니다. 그렇습니다. 정점에 도달하면 내려올 일밖에 남지 않고, 반대로 최저점으로 추락하면 올라갈 일만 남게 됩니다.

희망은 언제나
고통 너머에서 기다린다

인생은 평화와 행복만으로는 지속될 수 없다. 고통과 노력이 필요하다. 고통을 두려워하지 말고 슬퍼하지 말라. 참고 인내하면서 노력해 가는 것이 인생이다. 희망은 언제나 고통의 언덕 너머에서 기다린다.

– 맨스필드

촌철활인 | 한 치의 허로 사람을 살린다

앤 브래드스트리트도 같은 주장을 하고 있습니다. "우리 삶에 만일 겨울이 없다면 봄은 그다지 즐겁지 않을 것이다. 만일 우리가 때때로 역경을 경험하지 못한다면 번영은 그리 환영받지 못할 것이다."

고난은 잠자던 용기와 지혜를 깨운다

고난은 잠자던 용기와 지혜를 깨운다. 사실, 고난은 우리에게 없던 용기와 지혜를 창조해 내기도 한다. 우리는 오직 고난을 통해 정신적으로나 영적으로 성숙할 수 있다.

– 스코트 펙(정신과의사)

촌철활인 | 한 치의 혀로 사람을 살린다

칼 힐티는 "고난은 미래의 행복들 뜻하며 그것을 준비해 주는 것이다. 그런 경험을 통하여, 난 고난에 직면했을 때 희망을 품었다."라고 말했습니다. '고난과 역경은 하늘이 내린 선물이다'는 생각을 늘 가슴에 품고 살아가시기 바랍니다.

역경이라는 마음의 약

사람들이 역경에 처했을 때는 자신을 둘러싼 환경 하나하나가 모두 불리한 것으로 생각된다. 그러나 사실은 그것들이 몸과 마음의 병을 고칠 수 있는 힘과 약이다. 약이 몸에 쓰듯이 역경은 잠시 몸에 괴롭고 마음에 쓰지만 그것을 참고 잘 다스리면 많은 이로움을 얻을 수 있다.

– 홍자성, '채근담'에서

촌철활인 | 한 치의 혀로 사람을 살린다

만약 귀하에게 지금 감당하기 힘든 역경이 주어졌다면, 더없이 소중한 선물로 생각하고 진심으로 감사하십시오! 그러면 역경이 내리는 두 가지 선물을 받게 됩니다. 하나는 긍정적 사고로 인해 역경이 쉽게 극복되는 것이고, 둘은 역경을 헤쳐 나가면서 삶의 귀중한 교훈을 얻게 되는 것입니다.

불행은 행복이 먼저 보내는 사신

우리를 시시각각으로 괴롭히는 수많은 크고 작은 불행은 우리를 연마해서 커다란 불행에도 견딜 수 있는 힘을 양성해 주며, 행복하게 된 후에도 마음이 흔들리지 않도록 단결케 하는 사명을 가지고 있다.

– 쇼펜하우어(철학자)

촌철활인 | 한 치의 혀로 사람을 살린다

'불행은 행복이 먼저 보낸 사신이다'는 말이 있습니다. 프랭클린은 진정한 인간은 역경을 견디어 내고서야 탄생한다고 말합니다. 지금 닥친 역경과 불행은 내가 진정한 인간으로 태어나게 해주는 소중한 선물입니다. 딛고 올라서서 행복을 맞을 준비를 하라며 보내준 디딤돌입니다. (박승원, '희망의 말'에서)

매사에
감사하라

행복은 감사에 비례한다

감사하는 마음을 가지면 숙면을 취하고 좋은 기분을 유지하며, 피곤함이 없어진다. 또한 자부심을 강화시키며 정서적 유대감을 유발하여 인간관계를 돈독하게 한다.

– 마이클 매컬러프(박사), '백만 불짜리 웃음'에서

촌철활인 | 한 치의 혀로 사람을 살린다

로버트 에몬스 박사는 "사람들에게 매주 5개씩 고마운 것들을 쓰게 했더니, 그렇지 않은 사람보다 건강이 좋고 스트레스를 덜 받는 것으로 나타났다."는 연구결과를 발표한 바 있습니다. 간디는 "감사의 분량이 곧 행복이 분량"이라고 역설합니다. 감사와 행복은 비례합니다.

마음의 보약, 감사하는 마음

　사람의 마음과 몸을 최상의 상태로 유지시켜 주는 것은 긴장을 푸는 명상이나, 기분 좋은 일을 생각하는 것보다도 감사하는 마음이다. 감사하는 마음이야말로 긍정심리학이 지향하는 최선의 마음 상태다. 긍정성 향상을 위한 마음의 훈련을 한다면, 감사하기 훈련이 최선이라는 뜻이다.

– 김주환, '회복 탄력성'에서

촌철활인 | 한 치의 혀로 사람을 살린다

　행복은 '감사합니다'로 시작되고, 성공은 '고맙습니다'가 보장한다는 말이 있습니다. 잠자리에 들기 전 그날 있었던 일 중 감사할만한 일을 다섯 개씩 적는 감사일기를 3주간 매일 쓰면 스스로 긍정적으로 변해가는 자신의 모습을 발견할 수 있다고 합니다. 석 달을 계속해서 쓰면 주위 사람들도 긍정적으로 변한 내 모습을 쉽게 눈치챌 수 있다고 합니다.

감옥과 수도원의 공통점과 차이점

감옥과 수도원의 공통점은 세상과 고립되어 있다는 점이다. 그러나 차이가 있다면, 불평을 하느냐, 감사를 하느냐 그 차이뿐이다. 감옥이라도 감사를 하면 수도원이 될 수 있다.

– 마쓰시타 고노스케(파나소닉 창립자)

긍정적 사고와 매사에 감사할 줄 아는 자세의 중요성을 역설하고 있습니다. 80이 넘어서도 '스스로 청춘'이라 생각하던 마쓰시타 고노스케의 적극적, 긍정적 사고방식이 느껴지는 좋은 글귀입니다. 매사는 맘먹기에 달려 있습니다. 환경이 바뀌길 기다리느니, 자기 맘을 먼저 바꾸는 것이 어쩌면 훨씬 쉬운 해결책일 수 있습니다.

이 세상에 완벽한 것은 없다

발이 네 개인 짐승에게는 날개가 없다. 새는 날개가 달린 대신 발이 두 개요, 발가락이 세 개다. 소는 윗니가 없다. 토끼는 앞발이 시원찮다. 발 네 개에 날개까지 달리고, 뿔에다 윗니까지 갖춘 동물은 세상에 없다.

– 정민, '일침'에서

촌철활인 | 한 치의 혀로 사람을 살린다

잘 달리는 놈은 날개를 뺏고 잘 나는 것은 발가락을 줄이며, 뿔이 있는 녀석은 윗니가 없고, 뒷다리가 강한 것은 앞발이 없습니다. 꽃이 좋으면 열매가 시원치 않습니다. 하늘의 도리는 사물로 하여금 겸하게 하는 법이 없습니다. (이인로, '파한집'에서)

때로는 늦게 출발하는 것이 감사할 일이다

어느 날 문득 '직장을 15번이나 옮기며 힘들게 살았던 나의 20여 년이 너무나 아까운 허송세월이 아니라 내 노래의 거름이었음'을 깨달았다. 힘든 역경을 거치며 경험한 인생의 굽이굽이가 내 노래를 깊고 넓게 해준 가락이 된 것이다. 나는 비로소 늦게 데뷔한 것이 후회할 일이 아니라 감사한 일임을 알게 됐다.

– 장사익(소리꾼)

촌철활인 | 한 치의 혀로 사람을 살린다

우리는 모두 출발점에서 목표지점까지 최대한 빠르게 가려고 합니다. 그러나 인생은 100미터 달리기가 아닌 마라톤에 가깝습니다. 마라톤에서는 출발 지점에서의 선두가 마지막 순간에 일등으로 골인하는 경우는 거의 없습니다. 오히려 초기에는 선두로 나서는 것을 꺼려하기도 합니다. 때로는 늦은 출발에 감사할 수 있어야 합니다.

불만족이 꿈을 꾸게 한다

꿈은 불만에서 생겨난다. 만족하는 사람은 꿈을 꾸지 않는다. 사람은 어느 곳에서 꿈을 꾸는가? 배고프고 추운 곳이나 병원, 또는 감옥에서 사람은 꿈을 꾼다.

– 앙리 드 몽테를랑(소설가, 극작가)

촌철활인 | 한 치의 혀로 사람을 살린다

배고픔, 아픔, 불만족이 있다는 것은 좌절하고 포기하기 위한 조건이 아니라, 내가 큰 꿈을 가질 수 있는 조건임을 알 수 있습니다. 삶은 외부 환경에 의해서가 아닌 내가 먹은 마음에 따라 결정됩니다.

혹독한 겨울이 주는 은혜

쉽고 편안한 환경에선 강한 인간이 만들어지지 않는다. 시련과 고통을 통해서만 강한 영혼이 탄생하고, 통찰력이 생기고, 일에 대한 영감이 떠오르며, 마침내 성공할 수 있다.

– 헬렌 켈러(사회사업가)

촌철활인 | 한 치의 혀로 사람을 살린다

대부분의 사람들은 혹독한 겨울은 빨리 지나가고 따뜻한 봄이 오기를 기다리며 살아갑니다. 우리는 겨울이 주는 은혜에 주목하라고 말합니다. 겨울은 자기를 돌아보게 하고, 미래를 준비하는 기간이 되기도 하고, 겨울을 겪어 나면서 더 강해지기도 하기 때문입니다. 범사에 감사해야 하는 이유를 여기서도 찾을 수 있습니다.

장미의 존재 이유, 가시

가시가 없다면 장미는 존재 이유가 없어요. '아름다운 꽃에 이런 가시가 있다니'라고 생각하지 말고 '가시나무에서 이렇게 아름다운 꽃이 피다니'라고 생각하세요. 우리 삶도 고통이 없다면 존재 이유가 없어요. 시는 삶의 고통에서 피어나는 꽃이에요. 내 인생의 향기도 고통에서 피어나죠.

– 정호승(시인)

촌철활인 | 한 치의 혀로 사람을 살린다

역경에 빠진 적이 없는데도 불구하고 성공한 사람은 찾기 힘듭니다. 흔들리지 않고 피는 꽃이 없는 것처럼 아무런 어려움이나 난관을 겪지 않고 탐스러운 과실만 따 먹으려는 것은 부질없는 욕심에 불과할 따름입니다. 시련을 극복해야만 성공이 완성됩니다. 그리고 그 열매의 달콤함도 더해집니다.

항상 순조롭게
발전하는 회사는 불행하다

회사가 항상 순풍에 돛을 단 듯 순조롭게 발전하게 되면 사원들은 자신도 모르게 온실 속 화초가 되어 버린다. 발전과정에 어려움이 발생하여 그 어려움에 기죽지 않고 기꺼이 돌파해 가는 경험이 있어야 국가든 사회든 지속적인 발전을 이룰 수 있다. 따라서 항상 순조롭게 발전하고 있는 회사는 오히려 불행한 회사이다.

– 마쓰시타 고노스케

촌철활인 | 한 치의 혀로 사람을 살린다

대부분의 사람들은 항상 순풍에 돛을 단 듯 순조롭게 발전하기를 바랍니다. 그러나 그러한 기원과 노력이 사실은 회사와 그 구성원을 약하게 만들어 가고 있음을 미처 깨닫지 못합니다. 역경과 쓰라린 경험이 주어지면 하늘에 감사해야 하고, 주어지지 않는다면 일부러 돈을 지불해서라도 사와야 합니다.

불행은 신이 주는 사랑의 징표

고통은 깨달음을 준다. 고통이 없다면 우리는 성장할 수 없다. 고통과 슬픔을 경험한 후에 우리는 진리 하나를 얻는다. 만약 지금 당신에게 슬픔이 찾아왔다면 기쁘게 맞이하고 마음속으로 공부할 준비를 갖추어라. 그러면 슬픔은 어느새 기쁨으로 바뀌고 고통은 즐거움으로 바뀔 것이다.

– 톨스토이(소설가)

촌철활인 | 한 치의 혀로 사람을 살린다

다시 톨스토이 글입니다. "고뇌의 기쁨을 모르는 사람은 아직 참된 인생을 시작하지 못한 사람이다. 고뇌는 정신이 향상되어 가는 과정이다. 고뇌 없는 인생의 향상은 불가능하다. 인간은 고뇌를 통해서 불멸에 이른다. 그러므로 불행은 신의 사랑의 징표이다."

고통을 주신 신이여, 감사합니다

성장에는 고통이 수반하고, 이것은 성장에 크나큰 장애가 될 수 있다. 그러나 고통은 일시적이지만 성장은 영속적이다. 신은 잠시의 고통을 덜어 줄 수 있지만 그 대가는 영원히 지속될 성장의 박탈이다. 우리 삶에 고통을 허락하여 성장하도록 도와주시는 신에게 감사해야 한다. 큰 고통의 결과는 성장이기 때문이다.

— 존 레도(심리학자)

우리는 가끔 끔찍한 고통의 파도를 겪게 됩니다. 그 고통은 성장을 저지할 만큼 극심한 경우도 많습니다. 그러나 고통은 유쾌하지 않지만, 일정 시일이 지나고 보면 대부분 유익하다고 말해도 무방합니다.

내 인생의 터닝 포인트

김원수 · 박필령 지음 | 316쪽 | 값 15,000원

이토록 행복하고 멋있게 살아가는 부부가 있을까. 이 책은 암이 가져다준 고통마저도 삶의 축복으로 승화시키는 애정과 헌신의 힘. 한 명의 보잘것없는 인간이 부부가 됨으로써 위대한 존재가 되어가는 과정을 담고 있다. "나의 인생이 즐겁고 아름다운 까닭은 단 하나, 바로 당신. 몇 번을 다시 태어나도 나에겐 오직 당신뿐입니다."

소리

정상래 지음 | 352쪽 | 값 13,500원

총 4권으로 구성된 『소리』(1부 – 한이 혼을 부른다)는 10년의 집필 기간이라는 혼신의 피땀이 담긴 역작이다. 『토지』나 『태백산맥』을 연상시킬 만큼 방대한 분량과 치밀한 구성, 유려한 서사는 이 나라, 바로 나 자신의 존재 가치와 이유를 증명하고 있다. 한 여인의 기구한 생이 한을 낳고 그 한이 혼으로 승화하는 과정을 통해 독자는 그 어느 작품에서도 맛볼 수 없었던 감동과 글의 풍미를 느낄 것이다.

부부가 함께 만드는 행복 사다리

신진우 지음 | 284쪽 | 값 15,000원

그렇게나 사랑한 나머지 손을 꼭 붙들고 함께 식장에 들어섰던 그 혹은 그녀의 존재를 재확인하고 다시 인정하는 것에서부터 관계의 회복은 시작된다. 책 『부부가 만드는 행복 사다리』는 너무나도 당연한 부부간의 다툼을 어떻게 받아들이고 부부싸움 후 어떠한 방식으로 화해의 실마리를 풀어가야 하는가에 대해 한 수 알려준다.

그대 인연을 사랑하라

남달구 지음 | 300쪽 | 값 15,000원

『그대 인연을 사랑하라』는 비록 남달구 기자가 세상에 내놓는 첫 번째 책이지만 안에 담긴 '맛과 멋'은 장인의 솜씨와 열정 그대로이다. 특종과 이슈가 아닌 '가치와 진실' 그리고 '참 나'를 찾아 떠나온 삶의 여정. 책 『그대 인연을 사랑하라』는 수많은 독자에게 참된 나와 진실한 세상으로 가는 길목의 이정표가 되어줄 것이다.

인생 네 멋대로 그려라

이원종 지음 | 304쪽 | 값 15,000원

내 인생은 남이 그려 주지 못한다. 내가 그려야 한다. 내가 하고 싶고 나만이 할 수 있는, 독특한 내 멋대로의 인생을 그려 가야 한다. 이왕이면 대작, 천하를 호령하는 걸작을 그려 가야 하지 않겠는가? 자신이 느끼고 체험했던 사실들이 인생의 초행길을 가는 젊은이들에게 자그마한 등불이 되길 바라는 저자의 마음을 느껴보자.

하루 7분 기적의 글쓰기

김병규 지음 | 256쪽 | 값 15,000원

참 '말' 많은 세상이지만 정작 몇 줄 글을 제대로 쓰는 사람은 찾아보기 힘든 세상이다. 책『하루 7분 기적의 글쓰기』는 누구나에게 익숙한 장르인 수필을 중심으로 쉬운 글쓰기의 진수를 보여준다. 하루 5분은 이 책을 읽고 2분은 자신만의 글을 쓴다면 글쓰기는 더 이상 두려움을 대상이 아닌, 삶의 맛을 더욱 풍성하게 해주는 향신료로 다가올 것이다.

내 아이를 위한 인문학

채성남 지음 | 260쪽 | 값 15,000원

책『내 아이를 위한 인문학』은 동양 최고의 스승 공자孔子의 『논어』와 그의 사상을 바탕으로 참된 교육에 대해 한 수 일러준다. 교권이 바닥에 떨어지고 방황하는 청소년이 늘어가는 이 현실을 타파할 유일한 해결책은 부모의 참된 교육임을 공자의 음성으로 생생히 또한 구체적으로 설명하고 있다.

부모를 위한 인문학

노재욱 지음 | 272쪽 | 값 15,000원

인성을 겸비한 영재를 고대하는 세상의 부모들을 위하여 한국인성교육학회 이사장 노재욱 박사가 동서양 인문학의 핵심만을 담아 자녀 교육서를 냈다. 부모는 자식의 거울임을 인지한다면 가장 좋은 자녀 교육의 길은 부모 스스로 소양과 인품을 갖추는 것임을 강변하고 있다.